Allgemeinwissen trainieren

Gekonnt mitreden im Smalltalk - Wie Sie mit genialen Lerntechniken Ihre Allgemeinbildung schnell verbessern und sofort mehr Intelligenz und Selbstbewusstsein ausstrahlen

Martin Grapengeter

INHALT

Vorwort

Ist es dir schon einmal passiert, dass du während einer interessanten Konversation auf einmal nicht mehr mitreden konntest? Hattest du den Eindruck, dass alle anderen um dich herum an einer spannenden Debatte teilnahmen, von der du nur Bahnhof verstanden hast? Das ist kein schönes Gefühl und kann zu peinlichen Situationen führen, in denen du uninformiert und ahnungslos wirkst. Wer kaum etwas über die Dinge der Welt weiß, wird in Gesprächen schnell abgehängt und kann sich nur schwer eine Meinung über gesellschaftlich relevante Themen bilden. In einer schnelllebigen und immer hektischeren Welt fällt es oft schwer, wichtiges von unwichtigem Wissen zu unterscheiden und die richtigen Worte zu finden. Dabei ist es gar nicht so schwer, sich innerhalb kürzester Zeit wichtiges Allgemeinwissen anzueignen!

Genau dabei möchte ich dir mit diesem Buch helfen. Du hast keine Zeit dafür, dich durch riesige Lexika zu wälzen oder stundenlang im Internet Themen zu recherchieren? Du bist dir oft nicht sicher, ob deine Quellen die Fakten wirklich richtig wiedergeben und wie du dein Wissen überhaupt anwenden kannst? Dann ist die Lektüre dieses kompakten Ratgebers zum Thema Allgemeinwissen das Richtige für dich! Anstatt komplizierter Erklärungen

1

und seitenlanges Aufzählen von Zahlen und Daten erwarten dich leicht verständliche, informative Abschnitte über relevante Themen aus einer Vielzahl von Bereichen.

Wie du dem Inhaltsverzeichnis wahrscheinlich bereits entnommen hast, stelle ich dir kompakt und strukturiert Allgemeinwissen vom Anfang der Menschheitsgeschichte bis hin zur Gegenwart vor. Von geschichtlichen Fortschritten zu wissenschaftlichen Errungenschaften, sprachlichem Wissen oder Politik und Kultur lernst du die essenziellen Aspekte breit gefächerter Themengebiete kennen, sodass du deinen Wissensschatz am Ende dieser Lektüre effektiv bereichert hast.

Bevor es allerdings mit den Wissensinhalten losgeht, kläre ich dich über verschiedene Lernmethoden und deren Wirksamkeit auf, damit du dir das angereicherte Wissen auch wirklich langfristig behältst. Danach kannst du dein Allgemeinwissen in einem Test auf die Probe stellen du herausfinden, wie viel du bereits weißt und auf welchen Gebieten du noch größere Wissenslücken hast. Und danach geht es auch schon mit dem Lernen los! Zusätzlich zu den informativen Artikeln werden dir weiterführende Quellen zur Verfügung gestellt, mithilfe derer du dich noch intensiver mit einzelnen Themen auseinandersetzen kannst, die du besonders spannend findest.

Ich wünsche dir viel Spaß beim Lesen und Lernen!

Warum Allgemeinwissen?

Wissen ist Macht – dieser altbekannte Spruch ist mehr als nur eine philosophische Floskel. Eine gute Allgemeinbildung bringt in so gut wie jedem Lebensbereich Vorteile und ist oft die Eintrittskarte für spannende Diskussionen und ungeahnte Möglichkeiten. In einer Zeit, in der man in Sekundenschnelle alles googeln kann, braucht man eigentlich kein Allgemeinwissen mehr? Falsch! Experten sind davon überzeugt, dass gute Allgemeinbildung heute wichtiger ist denn je. Das Internet hat uns in vielerlei Hinsicht bequemer gemacht. Wir haben zwar die Möglichkeit, uns immer und überall neues Wissen anzueignen, nutzen diese Chance aber leider nur selten. Aktiv gelerntes Allgemeinwissen behalten wir besser im Kopf und wenden es eher im Alltag an.

In Sachen Karriere ist dir Allgemeinwissen gleich doppelt von Vorteil. Zum einen gibt es in vielen Einstellungstests bzw. Bewerbertests immer wieder Fragebögen, in denen dein Allgemeinwissen abgefragt wird. Ein gewisses Grundverständnis über Geschichte, Geographie, Etikette etc. ist schließlich in vielen Berufen essenziell. Zum anderen hilft dir dein Wissen dabei, bessere

3

und produktivere Konversationen mit Kollegen und Vorgesetzten zu führen. Überzeugst du im Small Talk mit deinem Chef, indem du dich mit ihm z.B. über aktuelle politische Ereignisse oder neue technische Innovationen unterhältst, wird dein Gesprächspartner merken, dass du über die Geschehnisse der Welt gut informiert bist. Du strahlst automatisch breit gefächertes Interesse, Kompetenz und Vertrauenswürdigkeit aus. Das wird deinen Vorgesetzten vielleicht davon überzeugen, dass du für ein neues Projekt als Projektleiter geeignet wärst oder eine andere wichtige Rolle übernehmen könntest.

Auch auf privaten Veranstaltungen und in alltäglichen Gesprächen kannst du mit viel Allgemeinwissen punkten. Natürlich solltest du nicht den Besserwisser heraushängen lassen und andere mit unnützen Fakten nerven. Doch kann eine interessante Information immer ein guter Konversationsstarter sein und/oder die Menschen um dich herum zum Nachdenken und Mitreden anregen. Dadurch interessieren sich nicht nur bereits dir bekannte Personen für dich und sehen dich als Quelle für neue Anregungen, du knüpfst auch schneller neue Kontakte.

Einer der wichtigsten Anreize für eine gute Allgemeinbildung ist die Steigerung des eigenen Selbstbewusstseins. Wenn du die Zusammenhänge hinter neuen Informationen und Fakten verstehst, wirst du Begebenheiten viel leichter in den Kontext einordnen und bessere Entscheidungen treffen können. Du lässt dich von kontroversen Statements und Meinungsmache nicht beeinflussen, sondern kennst die Fakten und bist in der Lage, dir selbst eine logische Meinung zu bilden. Wenn dich jemand nach deiner Sicht der Dinge fragt, kannst du dann souverän und fundiert antworten.

Mit gutem Allgemeinwissen fällt es dir außerdem weniger schwer zuzugeben, etwas einmal nicht zu wissen. Kein Mensch auf der Welt weiß wirklich alles und das ist auch nicht schlimm. Wirst du mit einem Thema konfrontiert, über welches du noch nicht allzu gut Bescheid weißt, kannst du einfach sagen: „Darüber bin ich im Moment noch nicht ausreichend informiert, um mir eine endgültige Meinung bilden zu können."

In dieser Situation musst du dich dann keineswegs schämen, denn du weißt ja, dass du grundsätzlich über einen großen Wissensschatz verfügst und damit auch über die beste Grundlage, um dir nach und nach Unbekanntes bekannt zu machen. Dein Umfeld wird dich für deine Ehrlichkeit bewundern und verstehen, dass du dir nicht einfach eine gerade passende Meinung aus der Nase ziehst.

Ein weiterer toller Aspekt von Wissen: Hat es sich einmal angereichert, vermehrt es sich in der Regel kontinuierlich. Das Wissen, dass du dir über viele verschiedene Dinge aneignest, führt wiederum zu neuem Wissen und neuen Erkenntnissen. Du erweiterst durch Lernen also ständig deinen Horizont, kannst neue Perspektiven kennenlernen, alte Meinungen überdenken, schneller zu eigenen Überzeugungen gelangen und entwickelst dich fortwährend weiter.

Der Wissenszuwachs hat noch weitere praktische Nebenwirkungen. Mit der Zeit lernst du, dir Fakten und Zahlen besser zu merken. Du kannst komplizierte und komplexe Themen und Texte einfacher erfassen und richtig einordnen, bist beim Lösen von Problemen ausdauernder und kreativer. Du lernst, Wichtiges von Unwichtigem zu trennen und nutzt deine Gehirnkapazitäten sozusagen voll aus. Nur Vorteile also!

Allgemeinwissen = Allgemeinbildung?

Zuerst sollten wir klären, was der Unterschied zwischen Allgemeinwissen und Allgemeinbildung ist. Denn diese Begriffe können nicht synonym füreinander verwendet werden. Allgemeinbildung an sich ist ein komplexer Prozess, der von einigen Faktoren abhängig ist. Bildung ermöglicht es, Wissen sinnig anzuwenden, selbst neue Gedanken zu entwickeln und Informationen sinnvoll zu selektieren. Sie ist also Teil unserer selbst, kann uns sozusagen nicht mehr genommen werden und bestimmt auch in gewissem Grad unsere Persönlichkeit. Sie entwickelt sich von unserer Kindheit an und bedingt unsere kognitiven Fähigkeiten und unsere Vorstellungskraft.

Das Allgemeinwissen hingegen bezeichnet lediglich das Wissen an sich, also Fakten, Zahlen und Daten. Es bildet den Grundstein, auf dem unsere Allgemeinbildung fußt. Denn ohne Allgemeinwissen, also das, was man unbedingt von der Welt wissen sollte, können wir uns nicht bilden oder Wissen im realen Leben anwenden. Allgemeinwissen kann abgefragt werden und hängt nicht von uns als Persönlichkeit ab wie die Allgemeinbildung, die bei jedem unterschiedlich ausfällt. Wie gut jemand lernt, auf was er sich spezialisiert, wie er neue Ideen entwickelt, wie er ethische und moralische Aspekte in seinen Wissensschatz einbindet, lässt sich nur schwer genau nachverfolgen und ist individuell. Allgemeinwissen hingegen ist unveränderlich und unterscheidet sich bei jedem hauptsächlich in der Hinsicht, dass manche eben mehr haben und andere weniger.

Allgemeinwissen ist also eher faktisches Wissen, welches sich prinzipiell jeder aneignen kann. Umfassend und schnell geht das natürlich mit dem Buch, das du gerade liest! Abgesehen davon gibt es noch weitere Möglichkeiten, Allgemeinwissen in deinen Alltag einzubauen und ständig neue Dinge zu lernen.

Besonders wichtig sind News-Portale, dank derer du immer über das aktuelle Weltgeschehen Bescheid weißt. Interessierst du dich für ein spezielles Thema, dann eignen sich Fachzeitschriften, Reportagen und Dokus, die jene Thematik umfangreich und unterhaltend darstellen. Unterhaltend sind auch Quiz-Shows im Fernseher oder Wissensportale im Internet, mit denen man sich am liebsten stundenlang beschäftigen würde. Sehr praktisch sind auch Quiz-Apps, die du überall benutzen kannst, um unterwegs zu lernen. Dann gibt es natürlich noch klassische Sachbücher für bestimmte Themen oder Online-Lexika, in denen wichtige Fakten gut zusammengefasst sind.

Du siehst also, dass du dein Allgemeinwissen und damit auch deine Allgemeinbildung auf viele Arten ständig verbessern kannst! Dieses Buch ist auf jeden Fall ein guter Anfang.

Wissenszuwachs – schnell & effizient

D u kennst nun also den Unterschied zwischen Allgemeinbildung und Allgemeinwissen. Aber wie genau kannst du nun effizient lernen, sodass du dir alle wichtigen Fakten und Umstände langfristig behältst? Grundsätzlich gibt es viele verschiedene Lerntypen. Vielleicht hast du selbst schon einmal gemerkt, dass dir das Schreiben von Zusammenfassungen überhaupt nichts bringt, du dir dafür Dinge gut merken kannst, wenn du eine Buchseite drei Mal laut vorliest – oder andersherum! Es kann etwas dauern, bis du herausgefunden hast, welche Methode wirklich die beste für dich ist.

In diesem Kapitel stelle ich dir eine Reihe von Lerntechniken vor, die wissenschaftlich erwiesen zu schnellem und effizienten Wissenszuwachs führen. Leider wird uns oft nur beigebracht, dass wir in unserem Leben unbedingt lernen müssen, aber nicht, wie wir richtig lernen sollten. Wenn du einige dieser Techniken regelmäßig anwendest und in deine „Lernroutine" einbaust, wirst du schnell merken, dass sich das angesammelte Wissen auch wirklich in dir festigt und du es immer wieder leicht abrufen kannst.

Lerntechniken sind zwar keine Wundermittel, können aber in jedem Lebensalter genutzt werden und verbessern die kognitiven Fähigkeiten.

LERNTECHNIKEN

Lesen

Lesen ist in der Regel der erste und wichtigste Schritt, um sich neues Wissen anzueignen. Versuche herauszufinden, wie du die wichtigsten Botschaften eines Textes aufnehmen kannst. Am besten beginnst du damit, den Text einmal zu überfliegen und eine Idee davon zu bekommen, um was es genau geht. Beim zweiten Lesen bist du dann konzentrierter und aufmerksamer. Du markierst dir wichtige Stellen wie Fakten, Zahlen oder herausgestellte Prinzipien, und wirst dir klar darüber, welche Stellen keine essenziellen Botschaften für dich enthalten. Du kannst den Text dann in deinen eigenen Worten zusammenfassen oder dir zumindest wichtige Stichpunkte aufschreiben.

Aufmerksames Lesen ist generell wichtig; egal ob Zeitschriften, Bücher oder Blogartikel. Wer viel liest, erweitert automatisch seinen Wortschatz, wird eloquenter, sicherer in Sachen Grammatik, empathischer und ausdauernder. Sich lange auf einen Text konzentrieren zu können, ohne abzuschweifen, ist eine unglaublich wertvolle Fähigkeit und kann aktiv trainiert werden.

Verstehen

Das ganze Lesen bringt dir natürlich nichts, wenn du nichts von dem verstehst, was du vor dir hast. Stelle dir beim Lernen deswegen immer die Frage: Verstehe ich das wirklich? Werde dir über bestimmte Punkte klar, deren Zusammenhang du noch nicht ganz begreifst, und begebe dich aktiv auf die Suche nach Antworten. Nur wenn du etwas richtig verstehst, kannst du es dir auch merken und es anwenden. Schlage Fremdwörter nach, die dir unbekannt sind, recherchiere Begriffe, bei deren Bedeutung du dir unsicher bist.

Ziehe bestenfalls mehrere Quellen zurate, nicht nur, um dir über die Legitimität der Erklärung sicher zu sein, sondern auch um den Sachverhalt durch unterschiedliche Ansätze besser zu begreifen. Hast du etwas Schwieriges einmal verstanden, halte es am besten irgendwo fest, um später noch einmal darauf zurückkommen zu können.

Visualisieren

Die visuelle Darstellung von Lernmaterial spricht mehrere Bereiche des Gehirns an und erhöht drastisch die Wahrscheinlichkeit, dass du dir das Wissen langfristig behältst. Eine Art der Visualisierung ist das Mind-Mapping. Bei dieser Methode schreibst du dir das behandelte Thema auf ein leeres Blatt Papier und umkreist es. Dann schreibst du rund um das Hauptthema herum mehrere Unterthemen, die dann als größere Äste fungieren, von denen aus du weitere Strukturebenen hinzufügen kannst. Auf diese Weise kannst du immer weiter in die Tiefe gehen und dir das Themengeflecht bildlich vorstellen. Diese Technik funktioniert auch super beim Brainstormen. Wenn du vor der Recherche festhalten willst, was du bereits über ein Thema weißt, kannst du deine Gedanken und Ideen in einer Mindmap aufschreiben und dann nach und nach immer mehr Informationen hinzufügen. Hänge dir eine wichtige Mindmap irgendwo gut sichtbar hin, damit du sie immer wieder siehst und dir das Bild einprägst.

Diskutieren

Auch über ein Thema zu diskutieren hilft dabei, sich Wissen zu merken. Dabei gibst du das Gelernte in deinen eigenen Worten wieder und erklärst es oder lässt es dir von einer anderen Person erklären. Du setzt dich also aktiv und vokal mit dem Wissen auseinander, vertiefst manche Aspekte oder ordnest Gegebenheiten in größere Kontexte ein. Wenn dann noch unterschiedliche Meinungen ausgetauscht und noch mehr Informationen in die Diskussion miteingebracht werden, merkst du dir Wichtiges und lernst dazu.

Besonders lange und intensive Diskussionen helfen dabei, das Wissen mit Erinnerungen an das Gespräch zu verknüpfen und die Informationen im Langzeitgedächtnis zu speichern. Doch auch ein kurzer Austausch mit jemand anderem hat bereits einen positiven Aspekt auf das Lernen.

Wiederholen

Ein besonders wichtiger Grundbaustein des Lernens ist die Wiederholung. Wenn Wissen immer wieder ins Gedächtnis gerufen und aktiviert wird, festigt es sich kontinuierlich in unserem Kopf. Durch die Repetition werden nämlich die Verbindungen der neuronalen Netze im Gehirn gefestigt, wo die Informationen gespeichert werden. Wichtig ist allerdings, dass du nicht einfach stur einen Text immer und immer wieder liest. Du solltest Wissen vor allem aufmerksam wiederholen und voll bei der Sache sein. Am besten wiederholst du Informationen laut, denn der eigenen Stimme schenken Menschen automatisch mehr Aufmerksamkeit. Du kannst dir auch Karteikarten für die Informationen erstellen und diese immer wieder durchgehen.

Wissenschaftler fanden heraus, dass Lernen in Etappen die beste Form der Wiederholung ist. Der „Spacing-Effect" beschreibt, dass das Lernen über einen längeren Zeitraum verteilt bessere Ergebnisse erzielt als kurzfristiges Lernen in Massen. Anstatt also einmal eine Stunde zu lernen, solltest du täglich 15-minütige Lernepisoden in deinen Alltag einbauen. Lasse einmal Gelerntes „ruhen" und wiederhole es dann regelmäßig, um die Vergessenskurve abfallen zu lassen. So bleibt das Wissen im Langzeitgedächtnis hängen.

Ortswechsel

Bei der sogenannten Loci-Methode nutzt du deine Umgebung, um dir Dinge besser zu merken. Bei einem Lernspaziergang, bei dem du durch die stete Bewegung und die frische Luft sowieso aktiver bist, kannst du bestimmte Orte mit Informationen verknüpfen. Du verankerst gedanklich Fakten an z.B. Parkbänken oder Ampeln, an denen du bestenfalls öfters vorbeikommt, und erinnerst dich dann automatisch an sie. Generell sind Ortswechsel beim Lernen wichtig. Sitzt du stundenlang nur auf der Couch oder am Schreibtisch, während du Wissen aufnimmst oder es wiederholst, wird deine Konzentration irgendwann abnehmen. Dann ist es Zeit, den Lernort zu wechseln. Lernst du beispielsweise in einem Café oder einem Park, verknüpfst du die Informationen mit diesem Erlebnis und festigst das Wissen.

Cornell Methode

Die Cornell Methode wurde bereits in den 1940er-Jahren entwickelt und ist ein Notiz-System, das dabei hilft, schnell effiziente Notizen zu machen. Wenn du also eine Dokumentation siehst, einen Artikel liest oder dir bei einer anderen Gelegenheit Notizen machen möchtest, ist diese Methode praktisch. Ganz oben auf deinen Zettel kommt der Name des Themas. Darunter machst du auf der linken Seite eine Spalte bis ganz unten, die für Fragen vorgesehen ist. Dort hältst du während des Lernens fest, welche Fragen noch offenbleiben oder welche Begriffe du noch einmal nachschauen möchtest. Auf die größere rechte Seite kommen dann deine Notizen. Hier gilt: Keep it short and simple! Schreibe keine langen Sätze auf, sondern nur knackige Stichpunkte. Ganz unten auf der Seite gibt es dann noch eine Zeile für eine Zusammenfassung der auf der Seite festgehaltenen Informationen. Durch diese klare Aufteilung hast du eine gute Übersicht über das Gelernte und kannst später leicht darauf zurückgreifen.

Eselsbrücken

Der Klassiker unter den Mnemotechniken ist die Eselsbrücke. Sicher kennst du Sprüche wie „Nie ohne Seife waschen" (Anfangsbuchstaben für die Abfolge der Himmelsrichtungen) oder „Mein Vater erklärt mir jeden Sonntag unseren Nachthimmel" (Abfolge der Planeten im Sonnensystem von Merkur bis Neptun). Einprägsame Sätze mit den gleichen Anfangsbuchstaben wie die zu merkenden Begriffe gehen schnell ins Gedächtnis und festigen sich erstaunlich gut. Ebenso wirksam sind Reime wie „Wer ‚nämlich' mit h schreibt, ist dämlich". Am effektivsten sind natürlich Eselsbrücken, die du selbst entwirfst. Am besten denkst du dir dafür eine Geschichte aus, egal wie verrückt, und verbindest diese in Gedanken mit den Informationen. Durch die Anregung der Kreativität werden die Hirnareale besonders aktiviert und du behältst das Gelernte noch besser.

ZAHLEN & DATEN EINPRÄGEN

Vielen Menschen fällt es vor allem schwer, sich Zahlen und Daten einzuprägen. Weil es sich um abstrakte Zeichen handelt, können wir schwerer emotionale Verknüpfungen aufbauen als zu Worten, es entsteht kein klares Bild in unserem Kopf. Deswegen merkst du dir Zahlen am besten, indem du ihnen Bilder zuordnest.

Für das Merken von Zahlen und Daten eignet sich das Zahl-Form-System. Hierbei wird jeder Zahl von 0 bis 9 ein Bild oder ein Symbol zugeordnet. Am besten entscheidest du dich dabei für Gegenstände, die an die Form der jeweiligen Zahl erinnern und sich damit leicht assoziieren lassen. Für die Zahl 0 eignet sich also ein Ei, für die 1 eine Axt, für die 2 ein Schwan, 3 für ein Dreirad, 4 für ein Glückskleeblatt, 5 für eine Hand, 6 für Würfel, 7 für eine Pfeife, 8 für eine Sanduhr und 9 für Kegel. Bestenfalls überlegst du dir selbst Symbole für die Zahlen. Und wie merkst du dir nun eine Zahlenkombination? Du fügst die Bilder zu einer Geschichte zusammen, ähnlich dem Prinzip der Eselsbrücken. Musst du dir z.B. die Kombination 8104 merken, könnte die Geschichte so aussehen: Sobald die Sanduhr abläuft, fällt die Axt herunter auf das Ei, dieses ergießt sich über ein Kleeblatt. Auf den ersten Blick ist das Unsinn, es hält sich jedoch erstaunlich gut im Gedächtnis.

Du möchtest noch mehr über das Lernen lernen? Hier findest du weitere nützliche Tipps:

Metzig, Werner und Martin Schuster: *Lernen zu lernen: Lernstrategien wirkungsvoll einsetzen*

Beck, Henning: *Das neue Lernen: heißt Verstehen*

Lerntechniken-guide.com

Der große Test: Wie viel Allgemeinwissen habe ich?

Weißt du, wie es mit deinem Allgemeinwissen steht? In diesem Test kannst du es herausfinden! Für jeden Abschnitt auf der Wissensskala gibt es fünf Fragen aus verschiedenen Bereichen. Überlege dir für jede Frage eine Antwort und halte sie fest. Die ersten Fragen kannst du sicherlich ohne Probleme beantworten, doch es wird schwerer und schwerer! Nachschauen ist natürlich nicht erlaubt. Die Lösungen findest du am Ende dieses Buches. Für jede richtige Antwort bekommst du zwei Punkte. Anhand der Skala kannst du dann erkennen, wie gut dein Allgemeinwissen ausgeprägt ist und in welchen Gebieten du besonders schwächelst oder bereits ein Experte bist. Viel Spaß!

Wissens-skala	Fragen
0 – 9 Ahnungsloser	1. Was ist die Hauptstadt von Deutschland?
	2. Wann war die deutsche Wiedervereinigung?
	3. Wer schrieb "Faust"?
	4. Was ist das größte Organ des Menschen?
	5. Wie viele Bundesländer hat Deutschland?
10 – 20 Nichtswisser	6. Wie viele Weltwunder gibt es?
	7. Wann war die Mondlandung?
	8. Sind Wale Fische oder Säugetiere?
	9. Wer malte die Mona Lisa?
	10. Wer gilt als der Vater der Evolutionstheorie?
20 – 30 Halbgebildeter	11. Wie heißt die Hauptstadt von Norwegen?
	12. Welche Wirtschaftsordnung hat die Bundesrepublik Deutschland?
	13. Welches ist das schnellste Tier zu Land?
	14. Wann wurde der Euro eingeführt?
	15. Wie viele Nieren hat ein Mensch normalerweise?
30 – 40 Schlechter als der	16. Wie hieß der erste Satellit im All?
	17. Welches ist das Symbol für die Olympischen Spiele?
	18. wann bis wann ging der erste Weltkrieg?

Durch- schnitt	19. Wer erfand den Buchdruck? 20. In welcher Stadt lebte der Detektiv Sherlock Holmes?
40 – 50 Im Durch- schnitt	21. Wann entdeckte Christoph Kolumbus Amerika? 22. Was ist die Komplementärfarbe von Gelb? 23. Was ist die Hauptstadt von Australien? 24. Wie oft wurde Deutschland Fußball-Weltmeister? 25. Wer war der zweite Bundeskanzler Deutschlands? (BRD)
50 – 60 Gut informiert	26. Wann kam das erste iPhone auf den Markt? 27. Wer verfasste "Der alte Mann und das Meer"? 28. Wie viele Knochen gibt es im menschlichen (erwachse-nen) Körper? 29. Welches Instrument misst die Erschütterungen eines Erdbebens? 30. Von welchem Regisseur stammt der erste "Star Wars"-Teil?
60 – 70 Gebildet	31. Wie heißt die Hauptstadt der Republik Aserbaidschan? 32. Wer komponierte die Oper "Carmen"? 33. Wie viele Planeten hat unser Sonnensystem? 34. Welcher Schauspieler verkörperte als erstes James Bond? 35. Aus was besteht Diamant?

70 – 80	36. Was ist das leichteste Element im Periodensystem?
Schlaumeier	37. Wie hoch ist der Mont Blanc?
	38. Wie viele Tasten hat ein Klavier?
	39. Welche Farbe haben Regenbögen ganz oben?
	40. Wer schrieb "1984"?

80 – 90	41. Wo fanden 1994 die Olympischen Winterspiele statt?
Experte	42. Wie viele Bandscheiben gibt es in der menschlichen Wirbelsäule?
	43. Wie lang ist die chinesische Mauer?
	44. Welcher deutsche Bundeskanzler erhielt den Friedensnobelpreis?
	45. Welcher deutsche Herrscher trug den Beinamen "der Große"?

90 – 100	46. Wie lange braucht die Internationale Raumstation (ISS), um die Erde einmal zu umrunden?
Einstein	47. Wie lange ist der Fluss Niger?
	48. Welche Ordnungszahl hat Kupfer im Periodensystem der Elemente?
	49. Wie vielen Zeitzonen gehört Russland an?
	50. Mit welcher Nummer werden Wertpapiere gekennzeichnet?

Das große Allgemeinwissen

TEIL 1: GESCHICHTE DER MENSCHHEIT

Steinzeit

Als Steinzeit gilt der Zeitabschnitt von etwa 2,5 Millionen bis 2.000 vor Christus. Sie wird in drei Abschnitte unterteilt: die Altsteinzeit, Mittelsteinzeit und Jungsteinzeit. In dieser ersten Epoche der Menschheitsgeschichte machte der Planet eine Menge klimatischer Veränderungen durch, Tiere und Vegetation passten sich den Umständen an oder starben aus. Währenddessen entwickelt sich eine Spezies, die die Welt wie kein Wesen zuvor verändern sollte: der Mensch.

Erste menschenartige Wesen

Die Wiege des Menschen liegt in Afrika. Vor 2 Millionen Jahren lebte hier der Australopithecus, eine Weiterentwicklung des Menschenaffen. Er ist bereits klüger und anders gebaut als seine Vorfahren. Die Evolution des Menschen findet in ihm seinen entscheidenden Ausgangspunkt.

Das erste bekannte Skelett eines Vormenschen wurde 1974 in Äthiopien gefunden, ist nur einen Meter groß und erhielt den Spitznamen Lucy. Die 47 Knochen des Individuums sind 3,2 Millionen Jahre alt und zeigen, dass die ersten menschenartigen Wesen bereits einen aufrechten Gang hatten. Fast in ganz Ostafrika waren frühe Menschen wie Lucy verbreitet, bevor sie durch Klimaveränderungen entweder verschwanden oder sich weiterentwickelten. Obwohl seit Lucys Fund weitere alte Skelette gefunden wurden, wie „Ardi" aus Äthiopien oder „Litte Foot" aus Südafrika, gilt Lucy noch immer als Richtlinie für neu gefundene fossile Menschenknochen.

Entwicklungsstufen des Menschen

Vor ca. 1,9 Millionen Jahren beginnt dann die Zeit des Homo erectus. Sein Kiefer ist ausgeprägt, er ist größer und kräftig gebaut. Skelette des Homo erectus fanden sich vor allem in Süd- und Nordafrika sowie in Südostasien. Er ist die erste Menschenart, die sich auch außerhalb Afrikas ansiedelt. Weite Reisen ermöglichen ihm neben seinem aufrechten Gang seine langen Beine, die im Gegensatz zu seinen Vorfahren länger sind als seine Arme – der Mensch ist kein Wesen des Urwalds mehr. Der Homo erectus wird zudem immer sozialer. Gemeinsames Jagen, Beschützen und Leben machen es nötig, dass sich eine immer komplexere Sprache bildet und enge Kooperationen entstehen.

Vor etwa 50.000 Jahren stirbt diese Menschenspezies aus, damit ist der Homo erectus der am längsten existierenden Hominiden. Der Grund für sein Verschwinden war wahrscheinlich das veränderte Klima, an dass sich unser Vorfahre nicht anpassen konnte. Es gibt sogar Forscher, die behaupten, er sei schlicht zu unwissend oder zu faul gewesen, um sich der veränderten Umweltbedingungen anzupassen. Fossilienfunde ergaben, dass der Homo erectus gerne den bequemeren Weg nahm und sich kaum um Fortschritte, beispielsweise in der Werkzeugproduktion, bemühte.

Trotzdem oder gerade deswegen entwickelt sich aus dem Homo erectus die letzte lebende Art der Gattung Homo, der Homo sapiens. Der heutige Mensch ist erdgeschichtlich betrachtet noch relativ jung, denn er tritt erst vor 200.000 Jahren in Erscheinung. Er besitzt ein großes Hirn, kann seinen Körper flexibel einsetzen und breitet sich über Landbrücken zwischen den

Kontinenten weltweit aus. Homo sapiens bedeutet übersetzt "der weise Mensch". Obwohl die Spaltung der Arten zu unseren nächsten Verwandten, den Schimpansen, schon vor fünf Millionen Jahren stattfand, unterscheidet sich unser Erbgut von ihrem heute nur um 1 Prozent. Was die ersten Individuen unserer Spezies so „modern" machte, war vor allem ihr Verhalten – wie sie mit Ressourcen umgangen, wie sie ihre Siedlungen strukturierten, wie ihre sozialen Hierarchien aussahen und welche Kunst sie produzierten, etwa besonderer Körperschmuck.

Neandertaler

Die Neandertaler sind tatsächlich nicht unsere direkten Vorfahren, sondern lediglich Verwandte des modernen Menschen, die sich parallel und unabhängig von ihm entwickelten. Sie entstammen der Gattung Homo erectus und teilen sich damit mit dem Homo sapiens einen gemeinsamen afrikanischen Vorfahren. Lange Zeit wurden Neandertaler als eine primitive Unterkategorie der Menschenspezies angesehen, dabei stellten sie in Wahrheit vielfältige Werkzeuge her und waren sehr sozial.

Trotz ihrer erstaunlichen Überlebenskünste starben die Neandertaler jedoch vor 40.000 Jahren aus, als der Homo sapiens aus Afrika nach Europa kam. Forscher rätseln noch heute über das mysteriöse Aussterben, denn gerade zu dieser Zeit war die Bevölkerungszahl der Neandertaler archäologischen Befunden nach am höchsten. Sicher ist, dass auch die Neandertaler unter Umweltveränderungen litten und im Gegensatz zum Homo sapiens eher zu kleine Gruppenbildungen neigten, die von Nachteil waren.

Erste Werkzeuge

Seitdem der Mensch aufrecht geht und seine Hände benutzen kann, stellt er Werkzeuge her. Das älteste Werkzeug der Menschheit ist der Faustkeil, der aus harten Silex-Steinen geschlagen wird. Aus den Faustkeilen werden für die Jagd Speere hergestellt, denn auch Holz ist ein wichtiges Material. Das wichtigste Werkzeug aber ist das Feuer. Es garantiert Wärme im kühlen Mitteleuropa, Sicherheit und nahrhaftere Mahlzeiten. Denn gegartes Fleisch ist leichter zu verdauen, enthält keine Bakterien und trägt zur Gehirnentwicklung bei. Die älteste Feuerstelle ist ungefähr 400.000 Jahre alt. Anhand von Werkzeugen unserer Verwandten lässt sich leicht erkennen, was wir noch heute mit ihnen gemeinsam haben: den Willen, neue Dinge zu schaffen und zu nutzen, und die Kreativität und Vorstellungskraft, die es dafür braucht.

Jäger und Sammler

Das Jagen und Sammeln ist die wirtschaftliche Grundlage unserer Vorfahren. Ihre Abhängigkeit zur Natur ist enorm, denn von ihr hängt das gesamte Überleben ab. Die Menschen leben in kleinen Gruppen und teilen die Arbeit untereinander auf. Während Frauen, Kinder und Alte für das Sammeln von Früchten, Wurzeln und Kleingetier zuständig sind, gehen die Männer meist in Gruppen auf die Großwildjagd. Mithilfe von Speeren und Fanggruben können sie selbst große Mammuts erlegen, mit Harpunen werden Fische gefangen. Seit einigen Jahren ist die Ernährung der Steinzeitmenschen auch in der heutigen Zeit angesagt.

Bei der sogenannten Paleo-Ernährung werden hauptsächlich Früchte, Gemüse, Kräuter, Nüsse, Fleisch und Fisch verzehrt, auf verarbeitete oder vom Menschen veränderte Lebensmittel allgemein wird verzichtet. Dadurch fallen Zusatzstoffe und Zucker weg, was sich positiv auf den Körper auswirkt. Die Einhaltung einer solchen Ernährungsumstellung dürfte jedoch schwerfallen, denn unbehandelte Lebensmittel wie Wildfleisch- und fisch oder Wildfrüchte zu finden ist in der heutigen Welt gar nicht so leicht.

Nomadenleben

Das Leben als Jäger und Sammler macht es nötig, ständig in Bewegung zu sein. Die Menschen der Altsteinzeit legen lange Strecken zurück, um Tierherden zu folgen und so eine ständige Fleischversorgung zu garantieren oder pflanzliche Vorräte und Brennmaterial zu sammeln. Auch Klimaveränderungen wie starke Kälte- und Wärmephasen bringen die Menschen dazu, auf den Kontinenten zu wandern. Zudem bringt das Wandern den Vorteil, mit anderen Gruppen zusammenzukommen und Erbgut auszutauschen.

Eiszeit

Die letzte große Eiszeit begann vor etwa 115.000 Jahren und endete vor ca. 10.000 Jahren. Zu dieser Zeit ist es auf der Erde durchschnittlich sechs Grad kühler als heute, eine Vielzahl von Gletschern entsteht und in der Hochphase ist die Erdoberfläche zu 32 % von Eis bedeckt. Heute ist das bei nur noch etwa 10 % der Fall. Durch die starke, kontinuierliche Erwärmung nach der Eiszeit sterben Arten wie das Mammut, der Höhlenbär oder der Säbelzahntiger aus, da sie sich nicht schnell genug anpassen können. Da ist der Mensch flexibler; er macht sich das warme Klima zu nutzen. Übrigens leben wir in gewisser Weise auch heute noch in einem Eiszeitalter. Ein solches Zeitalter zeichnet sich dadurch aus, dass es deutliche Schwankungen zwischen kälteren und wärmeren Phasen gibt. Eine kalte Periode ist eine solche Eiszeit, wie sie vor 115.000 Jahren begann. Im Moment befinden wir uns in einer Warmzeit des Eiszeitalters.

Landwirtschaftlicher Fortschritt

Über die Jahrtausende verändert sich der Mensch körperlich – er wird größer, robuster, geschickter – und optimiert seine Lebensumstände. Sehr wichtig ist der landwirtschaftliche Fortschritt, denn er beendet das rastlose Wandern über die Kontinente.

Erste Niederlassungen von Sippen

Mit Ende der Eiszeit und dem Beginn der Jungsteinzeit ca. 9500 v. Chr. ändert sich das Leben unserer Vorfahren, denn sie beginnen sesshaft zu werden. In der sogenannten neolithischen Revolution verändern sich ihre Lebensbedingungen radikal. Domestizierte Nutzpflanzen und Tiere versorgen sie nun fast das ganze Jahr lang mit Nahrung, der Überschuss führt zu einem starken Bevölkerungswachstum und aus kleinen Sippen werden große Gemeinschaften. Und noch eine Revolution findet statt: Beziehungen zwischen Menschen werden exklusiver und allmählich setzt sich die Monogamie durch, ein Konzept, von dem die Menschen vor der neolithischen Revolution nichts hielten. Durch den Landbesitz und das Bauen stabilerer Unterkünfte spielt die Erbfolge eine immer wichtigere Rolle, Männer und Frauen wollen gemeinsam ihre eigene Blutlinie am Leben halten. Zudem ist in Zweierbeziehungen das Risiko für Geschlechtskrankheiten um einiges niedriger und damit auch die Gefahr, zu sterben oder unfruchtbar zu werden. Diese sexuelle Revolution setzt sich bei einem Großteil unserer Vorfahren durch.

Erste Landwirtschaft

Die Nomaden werden sesshaft, Jäger und Sammler entwickeln sich zu Bauern. Forschern zufolge wurden Weizen und Gerste während der neolithischen Revolution als einer der ersten Orte im „Fruchtbaren Halbmond" angebaut, ein Gebiet, das sich von Palästina über Syrien bis nach Persien zieht. Bis dahin hat bereits ein Ausleseprozess stattgefunden, in dem die Menschen herausfinden, welche Wildpflanzen zu Nutzpflanzen werden können und wie dies geschehen muss. Das Leben aller Gemeinschaftsmitglieder richtet sich immer mehr nach den Jahreszeiten und dem Aufbau von schützenden Hütten. Die neugewonnene Sicherheit und gesündere Ernährung tragen maßgeblich zur weiteren Entwicklung der Gemeinschaften bei.

Erste Viehzucht

Zwar wird trotz der neuen Sesshaftigkeit noch immer viel gejagt, doch der Mensch spezialisiert sich bald auch auf Viehzucht. Seit mindestens 8500 Jahren bezieht er die Milch von Tieren in seine Nahrung ein und versorgt sich auf diese Weise mit einer Vielzahl von Proteinen. Rinder, Schweine und Ziegen zu halten und bei Bedarf zu schlachten macht den Zugang zu gesundem

Fleisch einfacher, aufgrund des engen Kontakts zu den Tieren entstehen jedoch auch neue Krankheiten. Tatsächlich steigen unsere Vorfahren trotz Viehzucht immer mehr auf pflanzliche Nahrung um. Forscher gehen davon aus, dass sie dadurch weniger Vitamin D aufnahmen, wodurch sich bei den ursprünglich dunkelhäutigen Europäern Gene durchsetzen, die für ihre helle Haut verantwortlich waren.

Hochkulturen

Als Hochkulturen werden Gesellschaftsordnungen bezeichnet, die einen gewissen Grad an Komplexität aufweisen. Wissenschaftler sind sich nicht in allen Fällen einig, welche historischen Kulturen zu dieser Kategorie zählen oder nicht. Sicher ist aber, dass es ca. 4.000 v. Chr. zu einem Entwicklungsschub der menschlichen Zivilisation kam, während dem fast überall auf der Welt Hochkulturen entstanden.

Frühe Hochkultur in Ägypten

Zu den ersten und sicherlich erfolgreichsten Hochkulturen gehört das alte Ägypten mit seiner 3.000-jährigen Geschichte. Viele außergewöhnliche Errungenschaften und Gesetze des Landes am Nil machen Ägypten zu einer Art Prototyp der Hochkultur. So haben die Ägypter ein ausgeklügeltes Rechtssystem, eine stabile Armee für die Eroberung über die Landesgrenzen hinaus und eine Vielzahl von Beamtenposten. Die oberste Instanz ist stets der Pharao, der als Alleinherrscher und oberster Priester das Land regiere und wie ein Gott verehrt wird. Schreiber und Verwalter sorgen im Staat für Ordnung, die Infrastruktur ist mit Bewässerungsanlagen, Transportwegen und an die Landschaft angepassten Bautechniken weit entwickelt und auch in Sachen Medizin und Heilkunde können die alten Ägypter viel vorweisen. Sie prägen die heutige Zivilisation vor allem durch ihre Sprache und zahlreichen Erfindungen auf den Gebieten der Mathematik, Architektur, Astronomie und Geometrie. Gleichzeitig gehören sie zu den ersten, die sich Gedanken über ihre eigene Existenz machen und sich mit philosophischen Fragen auseinandersetzen.

Babylonisches Reich

Als „Wiege der Zivilisation" gilt Mesopotamien, ein Gebiet Vorderasiens, in dem im Laufe der Geschichte mehrere Völker ihre Heimat finden. Babylonien liegt im Süden des heutigen Iraks und entwickelt sich im Verlauf des 4. Jahrtausends v. Chr. zur Hochkultur. Die Stadt Uruk bildet das Zentrum des babylonischen Reiches und zeichnet sich durch riesige Tempel und beeindruckende Bauwerke aus. Wie die Ägypter entwickeln die Bewohner der Stadt Schrift- und Zahlsysteme, um Land und Güter zu verwalten. Es entsteht eine erste Keilschrift, aus der sich später unsere europäische Schrift entwickelt. Der berühmteste Herrscher Babylons ist Hammurapi I., König für ganze 43 Jahre und bekannt für eine der ersten Gesetzessammlungen. In diesem „Codex Hammurapi" wird das bürgerliche Recht sowie das Straf- und Verwaltungsrecht festgehalten. Die Rechtssprüche orientieren sich vor allem am Grundsatz „Auge um Auge, Zahn um Zahn" und sind dementsprechend brutal. Das Babylonische Reich zerfällt nach Hammurapi wegen Spannungen zwischen mehreren Stadtstaaten und wird etwa 1595 v. Chr. vom kleinasiatischen Volk der Hethiter eingenommen.

Mykenische Hochkultur

Zur Frühzeit Griechenlands zählt die mykenische Hochkultur, wohl die erste ihrer Art auf europäischem Festland. Zwischen 1600 und 1200 v. Chr. breitet sich die Hochkultur über Griechenland aus und bringt eine Unmenge an Kunstgegenständen, Schriften und Architektur hervor. Viele Kleinkönigreiche und Fürstentümer des Landes treiben Handel miteinander, Waren werden jedoch auch mit Syrien, Ägypten und anderen Ländern ausgetauscht. Während der Großteil der Bevölkerung von Ackerbau und Viehzucht lebt und einiges an Abgaben zahlen muss, besitzen die unabhängigen Herrscher sowie die Oberschicht prestigeträchtige Paläste und Kunsthandwerke. Auch die Kriegskunst beherrschen die Mykener, ihre Burganlagen haben stellenweise Mauern mit Durchmessern von 7 Metern und es kommt immer wieder zu Auseinandersetzungen. Diese Kriege sind es vor allem, die Homer inspirieren und ihn dazu veranlassen, über die „Achäer" zu dichten.

Ungeklärt bleibt, wieso diese blühende Hochkultur nach nur 400 Jahren unterging. Interne Kriege und Naturkatastrophen gelten als wahrscheinlich, eine definitive Erklärung gibt es allerdings bis heute nicht.

Antike

Die Antike bringt darüber hinaus zwei Hochkulturen hervor, die unsere europäische Zivilisation maßgeblich prägten: das antike Griechenland und das Römische Reich. Die Innovationen, Gesetze und künstlerischen Errungenschaften dieser Kulturen ziehen sich bis in unsere heutige Gesellschaftsordnung und veränderten den Lauf der Geschichte maßgeblich.

Antikes Griechenland

Die Zeit des antiken Griechenlands wird auf 1600 v. Chr. bis 27. v. Chr. datiert. An der Küste des östlichen Mittelmeers entstehen unabhängige Stadtstaaten, die sich oft bekriegen, durch ihren Glauben an eine komplexe Götterwelt und gemeinsame Sagen aber verbunden bleiben. Die Götter des Olymps, die über die Sterblichen auf der Erde herrschen, nehmen bei den Griechen eine wichtige Rolle ein. So gut wie keine große Entscheidung wird gefällt, ohne sie zu befragen und auf Festen muss es immer rituelle Opfer geben.

Die alten Griechen prägen die Wissenschaft und vor allem die Kultur, die wir heute schätzen. Sie entwerfen erste Weltkarten mit Längen- und Breitengraden und entwickeln das Theater, auf dem alle späteren dramatischen Stücke basieren. Neben wichtigen Werken der Dichtkunst bauen sie Monumente und bedeutende Skulpturen, gleichzeitig bringen sie erste

Geschichtsschreibungen und viele philosophische Ideen hervor. Die Epoche des Hellenismus, des Unabhängigen Griechenlands, endet etwa 27. v. Chr., als das Land endgültig in das Römische Reich integriert wird. Die griechische Kultur jedoch bleibt auch unter Rom erhalten und wird von den Römern selbst sehr geschätzt.

Erste Olympische Spiele

Die ersten Olympischen Spiele der Antike sind dank der Geschichtsschreibung der antiken Griechen gut dokumentiert. Sie finden im Jahr 776 v. Chr. in Olympia statt und werden als religiöses Fest alle vier Jahre gefeiert. Politisch und kulturell stellt das Sportfest ein riesiges Event dar. Während der Austragung gilt ein Waffenstillstand, der gerechte Wettstreit steht im Vordergrund. Zu den ausgeführten Sportarten gehören Wettlauf, Ringen, Faustkampf, Wagenrennen und Boxen. Die Spiele werden von religiösen Opferungen und Zeremonien begleitet.

Demokratie in Athen

Mit dem antiken Athen verbinden viele vor allem den Ursprung der Demokratie. Etwa 600 v. Chr. brechen Aufstände los, die zur Folge haben, dass sich die Athener an Volksversammlungen und am Volksgericht teilnehmen können. Als Begründer der attischen Demokratie gilt der Beamte Kleisthenes, der den "Rat der 500" begründet, welcher politische Beschlüsse vorbereitet. Besonders ist, dass die Mitglieder des Rats durch das Los bestimmt werden, anstatt wie zuvor gewählt zu werden. Frauen und Sklaven sind vom politischen Leben zwar weiterhin ausgeschlossen, freie Männer können sich jedoch erstmals aktiv an der Politik beteiligen. Dadurch wächst das bürgerliche Selbstbewusstsein. Bei sogenannten "Scherbengerichten" werden Entscheidungen tatsächlich auf Tonscherben geritzt und dann für eine politische Abstimmung eingesammelt. Ohne diese erste Form der Demokratie im antiken Athen wäre unsere heutige Politik unvorstellbar.

Römisches Reich

Das Römische Reich wird Geschichtsschreibern zufolge 753 v. Chr. gegründet. Der Gründungsmythos von Rom basiert auf der Geschichte von zwei Zwillingen, Romulus und Remus, die Nachfahren des Königssohns Aeneas waren und von einer Wölfin großgezogen wurden, bevor Romulus zum König der neuen Stadt Rom wurde. Von 753 bis 509 v. Chr. wird das antike Rom von Königen beherrscht, von 509 bis 27 v. Chr. besteht die Römische Republik und danach beginnt die Kaiserzeit. Die Ausdehnung vom kleinen Stadtstaat zum Imperium zieht sich über Jahrhunderte und fußt vor allem auf Rom als weitentwickelter Metropole. In der Stadt gibt es beeindruckende Tempel und Paläste, das Kolosseum mit seinen zahlreichen Wettkämpfen und Vorführungen, Thermen, einem gutdurchdachten Straßensystem und einen Abwasserkanal. Wissenschaft und Philosophie liegen vor allem den reichen Patriziern am Herzen, in den Amtssprachen Latein und Altgriechisch werden oft Reden gehalten und Schriften verfasst.

Die Römische Legion mit ihren zeitweise 30 Legionen (eine Legion hatte etwa 6.000 Mann) bildet eine starke Streitmacht und ermöglicht die Expansion des Reiches. Unter Kaiser Trajan (57 bis 117 n. Chr.) umfasst das Imperium Land auf drei Kontinenten im Umfang von ca. 5.000.000 km^2, von Gallien und Britannien bis zu Gebieten in Nähe des Schwarzen Meers.

Römische Republik

Als die Römer um 500 v. Chr. ihrem Staat den Titel einer Republik (lat. „res publica", die öffentliche Sache) geben, haben sie natürlich keine Vorstellung von einer Republik wie wir sie heute kennen. An der Spitze stehen stets die Patrizier, adelige Großgrundbesitzer, die gern ihren Ruhm zur Schau stellen. Davon abgegrenzt sind die Plebejer, einfache Bürger wie Bauern und Handwerker, die zwar Bürgerrechte haben, aber weitaus schlechter verdienen. Im Fall eines Kriegs müssen sie trotzdem ausziehen, ihre eigenen Waffen bezahlen und ihre Felder und Werkstätten über lange Zeiträume verlassen. Nach

Protesten erlangen sie zwar mehr politischen Einfluss und den Zugang zu Staatsämtern, der politische Aufstieg ist für einfache Bürger aber noch immer schwer. Wer ein hohes Amt erlangen will, muss ein guter Redner sein und Geld und Einfluss besitzen.

Trotzdem können Plebejer eigene Versammlungen abhalten und über Volkstribune Vetos einlegen, sich auf Gesetzte und Rechte berufen, mit Patriziern heiraten und 287 v. Chr. sogar selbst Gesetze beschließen. Frauen und Sklaven bleiben von allen politischen Diskussionen ausgeschlossen, auch wenn einige Männer den Rat ihrer Ehefrauen schätzen.

Ermordung Caesars

Gaius Julius Cäsar ist heute wohl der bekannteste römische Staatsmann. Berühmt ist er neben seinen Ambitionen, aus der Römischen Republik eine Monokratie zu machen und seiner Affäre mit Kleopatra vor allem für seine Ermordung, die seit Jahrhunderten den Stoff für Dichtungen wie Shakespeares "Julius Caesar" bietet. Am 15. März 44 v. Chr. wird Caesar von mehreren Senatoren mit Dolchen ermordet, darunter Marcus Brutus, den Cäsar eigentlich als Verbündeten und Freund sah. Caesars Mord gilt als Tyrannenmord, motiviert durch politischen Unmut und die Angst, dass der Herrscher noch mächtiger werden könnte.

Mittelalter

Die Epoche des Mittelalters erstreckt sich vom 6. bis ins 15. Jahrhundert. Es beginnt mit dem Ende der Völkerwanderung und endet etwa zurzeit der Renaissance. Das Mittelalter wird aufgeteilt in Früh-, Hoch- und Spätmittelalter, entsprechend der Vorstellung von Aufstieg, Blüte und Verfall des Zeitabschnitts. Die Einteilung wird heute differenzierter eingeschätzt und der Übergang der Abschnitte ist eher fließend.

Völkerwanderung

Unter dem Begriff Völkerwanderung versteht man die Flucht der Germanen-stämme von etwa 375 bis 568 n. Chr. Grund dafür ist der Einfall der Hunnen aus der Mongolei, der die Franken, Sachsen, Thüringer, Goten, Vandalen und andere germanische Stämme dazu bringt, ihre Heimat zu verlassen und nach Süd-, West- und Mitteleuropa zu ziehen. Diese Entwicklung hat zur Folge, dass das Römische Reich durch die wachsende Eigenständigkeit der Stämme immer mehr zerfällt. Es teilt sich auf in das Weströmische Reich, welches 476 endgültig zerbricht und das Oströmische Reich, auch Byzanz genannt, das bis ins Jahr 1453 besteht.

Frühes Mittelalter

Das Frühmittelalter ist die Zeit der Merowinger und Karolinger, zweier Herr-schergeschlechter, die ihre Macht auf dem Überbleibsel des Römischen Reichs aufbauen und zusammen das fränkische Großreich führen. Der Ab-schnitt umfasst etwa die Zeit vom 5. bis zum 11. Jahrhundert, während dem ein kleiner Teil der Gesellschaft, Klerus und Adel oft in Reichtum leben, wäh-rend der von der Agrarwirtschaft lebende Rest unter Armut leidet. Für Kultur und Bildung sind die Klöster zuständig, die Kirche übernimmt in vielen Ge-bieten auch die Staatsmacht. Der „Staat" besteht aus vielen einzelnen Stäm-men, Sippen und Gemeinschaften. Eine bedeutende Figur ist im Frühmittel-alter Karl der Große, König des Fränkischen Reichs. Zurecht gilt er heute als „Vater Europas", denn nach Zerfall des Frankenreichs um 1300 n. Chr. wird aus dessen Westhälfte Frankreich, aus der Osthälfte das Heilige Römische Reich deutscher Nation.

Lehnswesen & Feudalismus

Im Mittelalter herrscht der Feudalismus vor, eine politische Ordnung, bei der ein König an einen Fürsten ein Lehen auf Lebenszeit vergibt. Diese Kronva-sallen verleihen wiederum Land und Ämter an Untervasallen, also Ritter, Äbte und Beamte im Austausch für Amts- und Kriegsdienste. Die

Untervasallen vergeben dann Land und ihren Schutz an Abhängige, leibeigene Bauern und Knechte, die ihren Vasallen Dienst und Abgaben zahlen. Dieses Pyramidensystem bestimmt bis ins 18. Jahrhundert die Gesellschaftsstruktur.

Hochmittelalter

Das Hochmittelalter zieht sich von der Mitte des 11. Jahrhunderts bis in die Mitte des 13. Jahrhunderts und zeichnet sich vor allem durch eine zunehmende Verstädterung, erhöhte Mobilität und Bevölkerungswachstum aus. Die Geldwirtschaft gewinnt an Prominenz und das Handwerk floriert, gleichzeitig entwickelt sich eine eigene Form der höfischen Kultur um den Ritterstand. Dieser genießt hohes Ansehen, was sich in erster höfischer Literatur und Minnesang zeigt. Schulgründungen führen im Hochmittelalter zur verbesserten Bildung breiter Bevölkerungsschichten und nach und nach etablieren sich Rechtssicherheit und politische Organisationen für die Bürger.

Kreuzzüge

Die Kreuzzüge gelten als christlich Heilige Kriege, die von der Kirche sanktioniert werden. Wirtschaftlich, strategisch und religiös motiviert ziehen Ritter in den Orient, um gegen muslimische Staaten zu kämpfen und sie zu christianisieren. Die Kreuzzüge werden auch als „bewaffnete Pilgerfahrt" bezeichnet. 1099 erobern die Kreuzritter Jerusalem, bis ins 15. Jahrhundert gibt es Feldzüge im Nahen Osten.

Klosterleben

Seit Beginn des Mittelalters verbreiten sich Klöster in Europa immer mehr. Was das Leben in einer Klostergemeinschaft so reizvoll macht, ist vor allem die Sicherheit. Nach dem Motto „ora et labora", also „bete und arbeite" lassen Mitglieder der Gemeinschaft das weltliche Leben mit seinen rauschenden Freuden, aber auch alle weltliche Not hinter sich, um jeden Tag acht Stunden zu arbeiten und ebenso lange zu beten. Die Mönche und Nonnen geloben absolute Frömmigkeit und Gehorsamkeit, leben dafür sicher und können neben Lesen und Schreiben auch Wissenschaften wie Astronomie oder Musik nachgehen.

Städtegründungen

Das Hochmittelalter gilt als die Blütezeit der Städte. Mit ansteigenden Bevölkerungszahlen und florierendem Handel entstehen vor allem in der Nähe von Kirchen, Klöstern und Burgen Siedlungen und kleine Städte. Bereits gegründete Städte wie Trier oder Mainz leben auf, Köln gehört mit 40.000 Einwohnern zu den Größten unter ihnen. Es entwickeln sich neben neuen Berufen auch wertvolle Handelsplätze, die mit der Zeit immer mehr an Signifikanz gewinnen. Parallel zum Städtewachstum auf dem Gebiet des heutigen Deutschlands entstehen auch in anderen Ländern wie Frankreich und Italien Städte, was dem Handel guttut. Überall zieht es Menschen in die Städte, die Wohlstand und Sicherheit versprechen.

Spätmittelalter

Das Spätmittelalter geht von der Mitte des 13. Jahrhunderts bis ans Ende des 15. Jahrhunderts und markiert den letzten Abschnitt vor der Neuzeit. Geprägt wird diese Zeit von Hungersnot und Seuchen, besonders aufgrund der Kleinen Eiszeit, einer Kälteperiode im 14. Jahrhundert, die Missernten mit sich zieht. Es kommt immer wieder zu Bürgerkriegen, der Konflikt zwischen Frankreich und England endet schließlich im hundertjährigen Krieg von 1337 bis 1453. Gleichzeitig ist das Spätmittelalter eine Zeit, in der antike Texte wiederentdeckt und geschätzt werden und der wissenschaftliche Fortschritt an Fahrt aufnimmt.

Inquisition

Das Mittelalter ist auch geprägt von der grausamen Inquisition, während der Andersgläubige, sogenannte „Ketzer" verfolgt, gefoltert und getötet werden. Die Inquisitoren sind dabei Ankläger, Verteidiger und Richter zugleich und haben den Segen der Kirche. Die von Hungersnöten und Krankheiten geplagten Menschen denunzieren sich oft gegenseitig, die Kirche zerschlägt systematisch Ketzergruppierungen und geht auch noch zu Beginn der Neuzeit gegen eine neue Art der Ketzerei vor, fortschrittliche Wissenschaft. Erst mit der Aufklärung geht die Inquisition ganz zu Ende.

Der schwarze Tod

Zwischen 1346 und 1353 wütet in Europa eine der verheerendsten Pestepidemien der Geschichte, die geschätzte 25 Millionen Tote fordert, ein Drittel der europäischen Bevölkerung. Fieber und schmerzhafte Beulen plagen die Betroffenen und führen in den meisten Fällen zum Tod. Doch nicht nur die Krankheit an sich tötet. Als Sündenbock für die Pest müssen Juden herhalten, obwohl es auch unter ihnen Pestopfer gibt. Sie werden vielerorts vertrieben und ermordet. Ein Gegenmittel für die Seuche haben die Menschen des Mittelalters nicht, sie behandeln Betroffene der „Strafe Gottes" mit Aderlässen, Brechmittel oder Rosenwasser. Erst Jahrzehnte nach der ersten großen Pestwelle des Mittelalters wird auf Quarantäne und Isolation gesetzt, der Pesterreger wird erst 1894 vom Schweizer Arzt Alexandre Yersin identifiziert.

Entdeckung Amerikas

Die Entdeckung Amerikas im Jahr 1492 durch Christoph Kolumbus, der eigentlich auf der Suche nach einer Handelsroute nach Indien ist, markiert das Ende des Mittelalters. Obwohl Forscher sich heute sicher sind, dass schon um das Jahr 1000 die Wikinger unter Leif Eriksson Fuß auf amerikanischen Boden gesetzt haben, gilt Kolumbus als Entdecker des Kontinents, der den Europäern in den folgenden Jahrhunderten Wohlstand und Reichtum brachte.

Für die Ureinwohner Amerikas jedoch beginnt eine Zeit der Unterdrückung, Ausbeutung und Zerstörung.

Neuzeit

Die Neuzeit löst das Mittelalter ab und reicht bis in die Gegenwart. Von ihrem Beginn bestimmen Umbrüche und neue Sichtweisen den Verlauf der Menschheitsgeschichte. Das Weltbild und das Bild, dass der Mensch selbst von sich hat, wird infrage gestellt und philosophische Fragen werden immer intensiver behandelt. Es kommt zu Revolutionen und technischen Fortschritten, gleichzeitig leiden vor allem die arme Bevölkerung und Ureinwohner kolonialisierter Länder unter der wachsenden Macht der Europäer.

Renaissance

Die Renaissance ist das Zeichen einer neuen Epoche, der Neuzeit. Nach dem „dunklen Mittelalter" bricht eine Kulturepoche aus, die im 15. und 16. Jahrhundert neue Ideen, Vorstellungen und Visionen prägt. Im Zentrum stehen vor allem die griechische und römische Antike, deren künstlerische Errungenschaften gepriesen und nachgeahmt werden. Philosophen wie Sokrates, Aristoteles und Platon werden studiert und verehrt. Neue bedeutende Werke der Architektur, Dichtkunst und Malerei werden geschaffen, die bis heute bewundert werden. Adlige und Gebildete pilgern nach Florenz, die zentrale Stadt der Renaissance, um sich von der Heimat ihrer kulturellen Idole inspirieren zu lassen.

Reformation

Im Oktober 1517 löst Martin Luther mit seinen Thesen die Reformation aus. Er ist der Überzeugung, dass allein die Bibel als Maßstab gelten sollte, keine Papstbeschlüsse. Er kritisiert den von der Kirche praktizierten Ablasshandel, bei dem sich Menschen von ihren Sünden freikaufen können. Ihm zufolge braucht der Mensch weder Kirche noch Heilige, um zu Gott zu sprechen, sondern kann direkt mit Gott kommunizieren. Befeuert durch die Erfindung des

Buchdrucks verbreiten sich seine Ideen rasend schnell und lösen eine kirchliche Erneuerungsbewegung aus. Der Protestantismus ist geboren.

Dreißigjähriger Krieg

Im 17. Jahrhundert findet einer der längsten und brutalsten Glaubenskriege auf europäischem Boden statt. Protestantische Bürger werfen im Mai 1618 die königlichen Statthalter als Reaktion auf die Unterdrückung der Religionsfreiheit durch katholische Herrscher aus dem Fenster (Prager Fenstersturz). Was folgt, ist ein jahrzehntelanger Krieg zwischen Protestanten und Katholiken im ganzen sowieso schon zersplitterten Heiligen Römischen Reich. Vor allem die Bevölkerung leidet, denn umherziehende Heere überfallen Städte und Dörfer, plündern, töten und vergewaltigen. Über vier Millionen Menschen sterben. Erst 1648 endet der verheerende Krieg.

Höhepunkt der Hexenverfolgung

Ein weiteres Übel findet im 17. Jahrhundert seinen Höhepunkt: die Hexenverfolgung. Geschätzt werden 40.000 bis 60.000 angeklagte Hexen in Europa hingerichtet, darunter nicht nur Frauen, sondern auch Männer. Die Hetzjagd ist vor allem auf die schwere Lage der Bevölkerung und den Fanatismus der katholischen Kirche zurückzuverfolgen. Schlechte Ernten und Hungersnöte befeuern den Missmut und die Verzweiflung der einfachen Leute, die sich dankend an die „Befreier" wenden. Der berüchtigtste Inquisitor ist Heinrich Kramer, er stichelt zu Denunzierungen an, foltert und lässt angebliche Hexen hinrichten. Das letzte Todesurteil gegen eine Hexe wird erst 1775 gesprochen.

Aufklärung

Die Aufklärung will solchen Schrecken ein Ende machen. Die 1700 einsetzende Entwicklung stellt rationales Denken und Fortschritt in den Vordergrund. Das Leitmotiv der Bewegung kommt von Immanuel Kant, der den

Menschen ermahnt, seinen eigenen Verstand zu benutzen und eine mündige Persönlichkeit zu entwickeln. Missstände, Kriege, Religion und die damaligen Gesellschaftsstrukturen werden von den Aufklärern infrage gestellt. Es werden viele Bücher und Schriften verfasst, in denen der menschliche Verstand und seine Freiheit betont werden, allerdings werden Arme und Frauen von diesen Theorien ausgeschlossen.

Französische Revolution

Die Aufklärung stellt die Legitimationsgrundlage der Fürsten und Könige infrage, weshalb viele Bauern anfangen, sich gegen das System aufzulehnen. In Frankreich herrscht von 1789 bis 1799 die Französische Revolution, in deren Folge das mittelalterliche Feudalsystem beendet und die Privilegien des Klerus und Adels weitestgehend abgeschafft werden. Der französische König Ludwig XVI wird auf der Guillotine hingerichtet und am 17. August 1789 werden von der neu gegründeten Nationalversammlung die Erklärung der Menschenrechte verabschiedet.

Imperialismus & Kolonialismus

Bis zum Anfang des 20. Jahrhunderts kämpfen europäische Industriestaaten um die Vorherrschaft als Kolonialmächte. Sie teilen hauptsächlich Regionen in Afrika und Asien unter sich auf, um ihre eigenen Reiche zu vergrößern, an wertvolle Rohstoffe zu gelangen und strategische Vorteile zu haben. Um noch nicht besetzte Gebiete wird hart gekämpft. Die Führungseliten und die Bevölkerung der Länder zu unterwerfen stellt meist kein großes Problem für Großbritannien, Deutschland, Russland und andere Mächte dar, da sie wirtschaftlich, technologisch und militärisch überlegen sind. Als Rechtfertigung für das Ausbeuten der Kolonialländer wird der Sozialdarwinismus genannt, das „Recht des Stärkeren". Die Imperialisten sehen sich selbst als überlegene Rasse und teilweise auch als verpflichtet, die aus ihrer Sicht unterentwickelten Länder zu besetzen.

Sklavenhandel

Die Kolonialisierung trägt erheblich zum Sklavenhandel bei, der sich im 16. und 17. Jahrhundert zu einem internationalen Geschäftsmodell entwickelt. Der sogenannte Dreieckshandel etabliert sich. Dabei fahren Schiffe der Großmächte mit Waren wie Tabak, Zucker und Alkohol an die westafrikanischen Küsten, tauschen die Waren bei Stammesführern gegen Sklaven ein und fahren mit diesen dann nach Amerika. Dort wurden die Sklaven in der Neuen Welt auf Märkten verkauft. Mit Rohstoffen aus den amerikanischen Kolonien wie Kaffee oder Baumwolle fahren die Händler dann zurück nach Europa. Dieser transatlantische Handel dauert bis etwa 1870 an, bis dahin kommen ca. elf Millionen entführte Schwarzafrikaner in Amerika an. Viele überleben die Grausamkeiten der Überfahrt nicht. In Amerika angekommen, erwartet die Sklaven meist harte Arbeit und unmenschliche Behandlung von weißen Sklavenhaltern.

Unabhängigkeitserklärung der USA

Am 4. Juli 1776 unterschreiben die dreizehn Kolonien in Nordamerika nach dem Amerikanischen Unabhängigkeitskrieg die Unabhängigkeitserklärung der Vereinigten Staaten. Damit lösen sie sich vom Mutterland Großbritannien, dass vorher krampfhaft versucht hatte, ihre Kolonie unter Kontrolle zu halten und vor allem mit Steuern zu unterdrücken. Zwei Themen werden in der Erklärung besonders hervorgehoben: das Revolutionsrecht und die individuellen Rechte eines jeden Bürgers. 1791 werden die ersten zehn Zusatzartikel, die Bill of Rights, wirksam, auf die die Amerikaner bis heute großen Wert legen. Sie schützen unter anderem die Redefreiheit, das Recht zum Besitz und Tragen von Waffen und die Religionsfreiheit.

Deutsche Revolution

Schließlich ist es auch in Deutschland soweit, eine Revolution bricht aus. Die Deutsche Revolution, auch Märzrevolution genannt, findet 1848 statt und verändert das Land nachhaltig. Die Revolutionäre fordern vor allem Rede- und Pressefreiheit, politische Gleichberechtigung, eine unabhängige Justiz und die Einberufung einer Nationalversammlung. Das Einsetzen reformwilliger Machthaber soll das Volk beruhigen, doch besonders die liberal gesinnte Bevölkerung gibt sich damit nicht zufrieden. Ihr Wunsch nach einem einheitlichen deutschen Staat wird am Ende nicht erfüllt, denn alte Mächte finden wieder zu ihrer einstigen Größe zurück und bekämpfen alle revolutionären Gedanken.

Die Revolution scheitert hauptsächlich, weil die Interessen der Revolutionäre zu sehr auseinandergingen. Viele Bauern beispielsweise, die lange für die Revolution kämpften, geben sich zufrieden, als sich ihre wirtschaftliche Lage verbessert. Darüber hinaus haben sie kein Interesse mehr an der Revolution. Ein Fortschritt ist allerdings der Grundrechtskatalog, der die Grundrechte des deutschen Volkes vorschrieb.

Gründung des Deutschen Reichs

Nur wenige Jahrzehnte später, im Jahr 1871, kommt es dann doch noch zur Gründung eines Nationalstaats, dem Deutschen Kaiserreich. Nach der gescheiterten Revolution ist erneut Schwung in die deutsche Nationalbewegung gekommen, der Wille nach „Einigkeit, Recht und Freiheit" bleibt ungebrochen. Hinzu kommt die Euphorie nach den deutschen Einigungskriegen, dem deutsch-dänischen Krieg im Jahr 1864 um die Herzogtümer Schleswig und Holstein, dem deutschen Krieg 1866 über die gewonnenen Gebiete Schleswig und Holstein sowie dem Deutsch-französischen Krieg 1870/71, die allesamt von Preußen gewonnen wurden.

Kurz darauf treten die süddeutschen Staaten dem Norddeutschen Bund bei, sodass nach Verhandlungen der Deutsche Bund bzw. das Deutsche Reich entsteht. Der preußische König Wilhelm I. wird am 18. Januar 1871 zum Kaiser ausgerufen. Das Ganze wird als „Revolution von oben" angesehen, da die Entwicklung zu einem Großteil von Mächten der alten Ordnung veranlasst wird und das Volk kaum Einfluss hat. So haben paradoxerweise der deutsche Kaiser und seine Fürsten die Macht in der Hand, während sich die Gesellschaft immer mehr modernisiert und industrialisiert. Trotzdem herrscht Euphorie, da die deutschen Staaten nun endlich vereinigt sind.

Amerikanischer Bürgerkrieg

Kurz zuvor ist es auch in den Vereinigten Staaten zu einer erneuten Revolte gekommen. Der Sezessionskrieg oder Amerikanische Bürgerkrieg vollzieht sich von 1861 bis 1865 und bildet den Höhepunkt der Konflikte zwischen den Süd- und Nordstaaten. Den Kern des Konflikts bilden Fragen um die Einheit der Nation und die Abschaffung der Sklaverei. Während die Südstaaten auf die Agrarwirtschaft und auf die knapp vier Millionen Sklaven als billige Arbeitskräfte angewiesen sind, ist die Union unter Präsident Abraham Lincoln gegen Sklavenhaltung.

Dazu kommt, dass Norden und Süden unterschiedliche gesellschaftliche Strukturen haben. In den Südstaaten herrscht die Angst, aufgrund ihrer geringeren Bevölkerung in politischen Entscheidungen überstimmt zu werden. Die konföderierten Staaten des Südens unter ihrem eigenen Präsidenten Jefferson Davis sind dem Norden zudem feindlich gesinnt, weil dieser die Preise ihrer landwirtschaftlichen Güter niedrig halten will. Der Krieg ist also nicht ausschließlich auf die Frage der Sklaverei zurückzuführen.

Beide Seiten zeigen sich uneinsichtig und bekriegen sich schließlich erbittert. Der Krieg zieht sich zwei weitere Jahre hin. Am Ende gewinnt die Union und das Töten findet sein Ende. Über 600.000 Soldaten haben ihr Leben gelassen. Die Südstaaten werden zurück in die Union integriert und die Sklaven erlangen mit dem 13. Verfassungszusatz ihre Freiheit, wobei dieser sie nicht vor Rassentrennung und Benachteiligung schützt. Nach dem Krieg etabliert sich im Süden der Gedanke des „Lost Cause", also der „Verlorenen Sache", um die Niederlage besser verkraften zu können. Der Ausdruck beschreibt den Umstand, dass die Südstaatler gegen die Überlegenheit des

Nordens nichts ausrichten konnten und dass der Krieg ultimativ durch die kulturellen und wirtschaftlichen Attacken des Nordens auf den Süden waren. Noch heute nimmt der Bürgerkrieg im Bewusstsein der Amerikaner einen wichtigen Platz ein und die Kluft zwischen Nord- und Südstaaten besteht noch immer. In vielen Südstaaten begegnet einem beispielsweise noch immer oft die Konföderierten-Flagge, obwohl diese allgemein als Symbol für Rassismus und Sklaverei betrachtet wird.

Wenn du dich noch intensiver mit der Menschheitsgeschichte auseinandersetzen willst, schau dir doch einmal diese Quellen an:

Harari, Yuval Noah: *Eine kurze Geschichte der Menschheit*

Durant, Will: *Die Lehren der Geschichte*

Parzinger, Hermann: *Abenteuer Archäologie. Eine Reise durch die Menschheitsgeschichte*

Krause, Johannes: *Die Reise unserer Gene. Eine Geschichte über uns und unsere Vorfahren*

evolution-mensch.de

geo.de/menschheitsgeschichte

TEIL 2: DAS 20. JAHRHUNDERT

Das letzte Jahrhundert hat unseren Planeten geprägt wie kaum ein anderes zuvor. Technische Innovationen, Weltkriege, neue Kunstformen und kulturelle Entwicklungen legten den Grundstein für die Welt, wie wir sie heute kennen. Ein umfangreiches Wissen über das 20. Jahrhundert ist daher essenziell für das Verständnis der Gegenwart. Der folgende Überblick wird dir dabei helfen, die wichtigsten Ereignisse und Entwicklungen richtig einzuordnen.

1900 – 1910

Burenkrieg

Im Zweiten Burenkrieg von 1899 bis 1902 kämpft Großbritannien gegen die Burenrepubliken Oranje-Freistaat und die Südafrikanische Republik. Den Briten geht es vor allem um die Kontrolle über wertvolle Bodenschätze, die Buren kämpfen um ihre Unabhängigkeit von Großbritannien. Letztere können vor allem am Kriegsanfang einige Schlachten gewinnen, doch die nur knapp 50.000 Soldaten der Buren kommen gegen die 400.000 waffentechnisch gut ausgerüsteten Engländer nicht an. Viele Farmen der Buren werden niedergebrannt und ihre Felder vernichtet, Frauen und Kinder müssen in Konzentrationslager ziehen. Dort sterben 27.000 von ihnen aufgrund der katastrophalen Zustände in den Lagern. Großbritannien gewinnt den Krieg und gliedert die Republiken in das British Empire ein, nachdem sich die Buren ergeben und in der Heimat Proteste über die Konzentrationslager laut werden.

Boxeraufstand in China

Im von Kolonialmächten besetzten China bilden sich seit 1896 Gruppierungen, "Boxer" genannt, die sich gegen die fremden Mächte (darunter die

Vereinigten Staaten, Frankreich, Italien und das Deutsche Reich) auflehnen. Keine der Kolonialmächte hat das Land ganz unter Kontrolle, der Fokus liegt hauptsächlich auf der Kontrolle des Handels.

Zu Konflikten mit der Bevölkerung kommt es vor allem, weil die Fremden aus dem Westen versuchen, China christlich zu missionieren und ihre Kultur zu unterdrücken. Die Boxer kämpfen zunächst nur gegen andere Chinesen, die zum Christentum konvertiert sind, richten sich dann aber auch generell gegen ausländische Einflüsse. Aufstände im Norden Chinas und in der Hauptstadt Peking werden von ausländischen Soldaten und Diplomaten in Schach gehalten, trotzdem sterben beim Boxeraufstand knapp 23.000 Chinesen und ausländische Botschafter. Mehrere Kolonialmächte senden Truppen nach China, darunter auch das Deutsche Reich mit 20.000 Soldaten. Der Widerstand bricht 1900 zusammen und erst mit dem Friedensvertrag von 1901 kommt Ruhe in das Land, das zuvor von den alliierten Mächten verwüstet wurde. Die Chinesen müssen eine hohe Kriegsentschädigung zahlen und Prinz Chun wird dazu gedrängt, als Zeichen der Sühne nach Deutschland zu reisen.

Triple Entente

Frankreich, Russland und das Vereinigte Königreich bilden mit der Triple Entente ein vertragliches Bündnis. Das außenpolitische Defensiv-Bündnis beeinflusst in hohem Maß die politische Entwicklung in Deutschland bis zum Ersten Weltkrieg. Zu Anfang hat das Bündnis keinen großen Einfluss und es sind keine besonderen Verpflichtungen daran gebunden. Die drei Länder kreisen durch die Entente aber die Mittelmächte, allen voran das Deutsche Reich und Österreich-Ungarn, geographisch ein.

1910 – 1920

Untergang der Titanic

Das als unsinkbar geltende Passagierschiff RMS Titanic sinkt am 14. April 1912 nach Kollision mit einem Eisberg. Die Nachricht verbreitet sich nur kurz darauf in der ganzen Welt und wird mit der Zeit zur Legende. Denn die Titanic war mit ihren 269 Metern Länge das größte und gleichzeitig schnellste Passagierschiff seiner Zeit. Ihre Jungfernfahrt startet am 10. April in Southampton (England), die Route führt zunächst zu Zwischenstopps in Frankreich und Irland, um alle Passagiere abzuholen. Der Luxusliner ist ausgestattet mit großen Suiten, einer Turnhalle, einem Schwimmbad, Restaurants, Café und anderen Komfortausstattungen.

Ein Ticket für die erste Klasse kostet umgerechnet ca. 50.000 Euro. Das Ziel der Reise ist New York, doch zur vollständigen Überquerung des Atlantiks kommt es nicht. Kurz vor Mitternacht des 14. Aprils rammt das Schiff im Nordatlantik einen Eisberg und wird seitlich aufgeschlitzt. Die Wassertemperatur liegt unter 0 Grad und es vergehen nur etwa drei Stunden, bis die Titanic unter der Meeresoberfläche verschwindet. Es dauert einige Zeit, bis an Deck der Ernst der Lage begriffen wird. Manche denken, es würde lediglich der Ernstfall geprobt. Als die Passagiere begreifen, was passiert, bricht Panik aus. Es gibt nur 16 Rettungsboote, die Mannschaft ist überfordert und keine Rettung ist in Sicht. Im eiskalten Wasser ist es trotz Bewegung unmöglich, länger als 20 Minuten zu überleben. 1.500 Menschen sterben, nur 712 Menschen überstehen die Katastrophe. Das Wrack der Titanic wird erst 1985 knapp drei Kilometer südöstlich der Küste Neufundlands entdeckt.

Attentat von Sarajevo

Am 28. Juni 1914 werden in Sarajevo der habsburgische Thronfolger Österreich-Ungarns Franz Ferdinand und seine Frau Sophie erschossen. Zuvor hat es Spannungen zwischen Österreich-Ungarn und dem neu geschaffenen

Königreich Serbien gegeben, das gestärkt aus den Balkankriegen hervorge-gangen ist und nun Unabhängigkeit und die Ausbreitung des Staats fordert. Nachdem Franz Ferdinand an politischen Verhandlungen über Bosnien und Herzegowina teilgenommen hat, zwei Gebiete, die aus serbischer Sicht zu Unrecht zu Österreich-Ungarn gehören, fährt er mit seiner Frau in einem of-fenen Automobil zum Rathaus. Tatsächlich gibt es zwei Attentate, die von den insgesamt sieben Tätern begangen werden. Als Erstes wirft einer von ihnen eine Handgranate nach dem Wagen, trifft allerdings den Falschen. Die Fahrt wird fortgesetzt. Als das Automobil für ein paar Sekunden vor einem Café stehen bleibt, weil Prinz Ferdinand die Route ändern möchte, schießt der 19-jährige Gavrilo Princip auf ihn.

Auf den Anschlag folgt eine internationale Krise, genannt Julikrise, die innerhalb von sechs Wochen zum Krieg führt. Österreich-Ungarn erklärt am 28. Juli Serbien den Krieg, Russland stellt sich auf die serbische Seite. Darauf-hin erklärt Deutschland Russland und Frankreich den Krieg, kurz darauf tritt Großbritannien in den Konflikt ein. Der Erste Weltkrieg ist ausgebrochen. In Deutschland herrscht Euphorie, denn man geht von einem schnell gewonne-nen Krieg aus.

Erster Einsatz von Giftgas

Der Erste Weltkrieg bringt nie zuvor gesehene Innovationen mit sich – zum ersten Mal wird Giftgas als Massenvernichtungswaffe eingesetzt, dazu kom-men Granaten und Maschinengewehre. Es ist ein industrialisierter Krieg. Vor allem das eingesetzte Chlorgas ist tückisch, nicht nur für die Soldaten, son-dern auch für Zivilisten in Kriegsregionen. Wer das Gas direkt einatmet, der erstickt grausam, in manchen Gebieten verdorren ganze Landflächen und Vö-gel fallen von den Bäumen. Schützen können sich die Angegriffenen nur durch Gasmasken und mithilfe von Kanarienvögeln, die bei Gasgeruch Alarm schlagen.

Der Giftgaseinsatz gilt vor allem als effizient, weil er öfter verwundet als tötet. Durch die Versorgung der Verletzten werden mehr Einsatzkräfte gebraucht, als es für die Bergung von Toten braucht. Zu den häufigsten Verletzungen gehören Erblindung, Nervenschädigungen, Ätzungen und Lungenschädigungen. Das Genfer Protokoll verbietet den Einsatz chemischer Kampfstoffe 1925, doch bis heute werden giftige Gase in Kriegsgebieten eingesetzt.

Steckrübenwinter in Deutschland

Im Winter 1916/17 kommt es im Deutschen Reich zu einer extremen Hungersnot infolge kriegswirtschaftlicher Probleme und der Seeblockade der Entente. Auch die schlechte Verwaltung von Nahrungsmitteln ist fatal, viele Bauern verfüttern ihre Ernte aufgrund von Höchstpreiszwang lieber an ihr Vieh, als sie in den Städten zu verkaufen. Vor dem Krieg waren keine Reserven angelegt worden und die Landwirtschaft kann den Bedarf an Erzeugnissen nicht decken. Vielerorts wird mit Wasser verdünnte Milch ausgeteilt, dazu kommen kleine Mehl- und Fettrationen.

Im Winter 1916/17 gibt es dann nicht einmal mehr Kartoffeln, da das Wetter für eine miserable Ernte gesorgt hat. Steckrüben werden zum Hauptnahrungsmittel, daher auch der Begriff „Steckrübenwinter". Sie benötigen im Gegensatz zur Kartoffel keinen Kunstdünger, sind robust und einigermaßen vitaminreich. Sogar Kaffee-Ersatz wird aus getrockneten und geraspelten Steckrüben hergestellt. Trotzdem kommt es bei vielen Menschen zu Mangelerscheinungen, denn die Rüben haben zu wenige Kalorien. Experten zufolge sterben über 700.000 Menschen an Unterernährung, darunter viele Kinder und Krankheiten wie Tuberkulose verbreiten sich. Der Hunger ist letztendlich einer der wichtigsten Gründe, wieso die Bevölkerung ihre Kriegslust verliert und sich gegen den Staat wendet.

Ende des Ersten Weltkriegs

Der Erste Weltkrieg, durch den ungefähr 17 Millionen Menschen ihr Leben verlieren sollten, wütet in Europa, Afrika, Ostasien, Ozeanien und im Nahen Osten von 1914 bis 1918. Die anfängliche Kriegsbegeisterung in Deutschland versiegt, als sich der Krieg gegen die Entente-Staaten hinzieht und immer brutaler wird. Die Menschen hungern und der Staat steckt das Geld lieber in die Waffenproduktion, als es für seine Bürger auszugeben. Schon länger ist klar, dass der Krieg nicht mehr gewonnen werden kann.

Als den kriegsmüden Matrosen in Wilhelmshaven im Oktober 1918 befohlen wird, eine englische Flotte anzugreifen, kommt es zur Meuterei. Der Kieler Matrosenaufstand endet in der sogenannten Novemberrevolution. Soldaten und Arbeiter im ganzen Land schließen sich den Protesten an, die sich wie ein Lauffeuer im ganzen Reich verbreiten und beinahe den Charakter eines Bürgerkriegs annehmen. Im November danken immer mehr Monarchen deutscher Staaten ab, schließlich auch der Kaiser. Mit der Niederlage Deutschlands und des Bündnispartners Österreich-Ungarn endet der Erste Weltkrieg. Aus der deutschen Monarchie wird eine parlamentarisch-demokratische Republik, die schon an ihrem Anfang durch Unruhen geprägt ist. Im Januar 1919 kommt es in Berlin zu schweren Straßenkämpfen, während denen die Anführer der Kommunistischen Partei Deutschlands (KPD), Rosa Luxemburg und Karl Liebknecht, hingerichtet werden. Bis zum 13. Februar 1919 wird das Land von einem provisorischen Revolutionsgremium regiert, dem Rat der Volksbeauftragten. Danach wird der SPD-Mann Philipp Scheidemann Reichskanzler, die Nationalversammlung hatte ihn gewählt.

Oktoberrevolution

In Russland kommt es im Herbst 1917 zur Revolution. Unter Lenin übernehmen die kommunistischen Bolschewiki die Macht. Zuvor war es zu Hungerrevolten und Streiks gekommen, denn auch die russische Zivilbevölkerung litt unter dem Krieg. Nach dem Sturz des Zaren Nikolaus II gibt es eine

Doppelherrschaft im Land, die aus einer provisorischen Regierung und einem Arbeiter- und Soldatenrat besteht. Trotz der neuen Führung ändert sich an den Missständen nichts, ein Umstand, der den Bolschewiki zugutekommt, denn sie versprechen Friede und Brot. Sie bereiten unter Parteiführer Wladimir Iljitsch Lenin den Sturz der provisorischen Regierung vor und übernehmen am 24./25. Oktober die Regierung. Obwohl beim Putsch kaum Blut vergossen wird, glorifizieren die Bolschewiki ihn im Nachhinein. Nach einem brutalen Bürgerkrieg mit der "Weißen Opposition" gründen sie 1922 die Sowjetunion, einen sozialistischen Staat, der im Verlauf der nächsten Jahrzehnte zur Supermacht und zum Gegner des Westens wird.

Spanische Grippe
Die Spanische Grippe wütet in drei Wellen von 1918 bis 1920 und fordert über 30 Millionen Todesopfer, mehr als der Erste Weltkrieg. Das durch den Hungerwinter geschwächte Deutschland wird besonders schwer getroffen. Tatsächlich stammt das Influenzavirus gar nicht aus Spanien, sondern Vermutungen zufolge aus Kansas in den USA, wo es im März 1918 die ersten Fälle gab. Spanien war allerdings das erste Land, das über den Virus schrieb – in anderen Teilen der Welt war es den Medien nicht gestattet, über die Krankheit zu berichten, um die Moral während des Krieges nicht noch mehr zu schwächen.

Über Truppenschiffe verbreitet sich die Grippe rasend schnell, die Ansteckung über Husten und Niesen macht vor wenigen Halt. Zu den Symptomen gehören Kopf- und Gliederschmerzen, Fieber und Husten, in vielen Fällen kamen Lungenentzündungen dazu. Aufgrund von Sauerstoffunterversorgung färbt sich die Haut Betroffener oft dunkelblau und -violett, weswegen es zu Gerüchten kommt, dass die Pest wieder umgeht. Vor allem Babys, Kleinkinder, sehr alte Menschen und äußerst robuste Menschen im Alter von 20 bis 40 sterben an der Spanischen Grippe, was viele Ärzte rätseln lässt. Eine richtige Impfung gegen die Krankheit gibt es nicht, sie wird letztendlich vor allem durch Quarantänemaßnahmen bezwungen.

Friedensvertrag von Versailles

Bei der Pariser Friedenskonferenz 1919 wird ein Friedensvertrag zwischen den Entente-Staaten und den Verlierern des Ersten Weltkriegs unterschrieben. Der von den Deutschen als ungerecht empfundene Vertrag führt später zu Verschwörungen gegen die neue Republik und das Ausland, weil er die Verlierer demütigte und sie ökonomisch und moralisch für die Schrecken des Krieges verantwortlich macht. Vor allem die sogenannte „Dolchstoßlegende" verändert den Lauf der ersten Hälfte des 20. Jahrhunderts drastisch.

Diese Verschwörungstheorie entsteht, weil die führenden Militärs die Verantwortung für die Niederlage im Kampf nicht übernehmen wollen, obwohl die Oberste Heeresleitung im Herbst 1918 selbst bei der Reichsregierung um Verhandlungen über einen Waffenstillstand bat, weil die deutschen Truppen nicht mehr durchhielten. Mit Dolchstoß ist gemeint, dass das Heer an der Front eigentlich unbesiegt war, die Rufe nach Frieden aus der Heimat sowie Sabotagen und politische Agitation der Linken ihm jedoch in den Rücken fielen. Besonders rechte Parteien wie die NSDAP verbreiten die Dolchstoßlegende, um gegen die Vertreter der Weimarer Republik zu hetzen. Viele Menschen nehmen diese Narrative ungefragt an, denn das Deutschland den Krieg verloren hat, ist für sie ein Schock. Überlebende Soldaten werten mit der Verschwörungstheorie ihr Selbstwertgefühl auf und sehen durch sie den Tod ihrer Kameraden nicht als sinnlos, sondern als heldenhaft an. Ein Großteil der Bevölkerung ist fest davon überzeugt, dass der Krieg hätte gewonnen werden können, hätten die Juden und Sozialdemokraten den Soldaten nicht hinterrücks einen Strich durch die Rechnung gemacht.

1920 – 1930

Gründung des Völkerbundes

Am 10. Januar 1920 wird als Ergebnis der Friedenskonferenz der Völkerbund gegründet, ihm gehören zunächst 32 Unterzeichnerstaaten des Versailler Vertrags und 13 neutrale Staaten an. Durch den Völkerbund soll die Zusammenarbeit zwischen den Staaten gestärkt und damit der Frieden gesichert werden. Ein katastrophaler Krieg wie der zuvor beendete Erste Weltkrieg soll nie wieder stattfinden. Bis 1937 kommen 21 weitere Mitgliedsstaaten dazu, das Deutsche Reich tritt dem Bund 1926 bei. In der Anfangszeit gelingt es dem Völkerbund, europäische Grenzkonflikte zu beenden und Probleme wie Drogenkriminalität und Menschenhandel zu bekämpfen. Gleichzeitig unterstützt er eine koloniale Politik, indem er beispielsweise deutsche Kolonien, die das Reich nach dem Krieg verloren hatte, anderen Großmächten zusprach.

Bis zum Ausbruch des Zweiten Weltkriegs hat der Völkerbund massiv an Einfluss verloren, mehrere Länder, darunter Deutschland und Japan, treten aus ihm aus und ultimativ wird ein weiterer Weltkrieg nicht verhindert. Nach diesen löst sich der Völkerbund auf und wird durch die Vereinten Nationen (UN) ersetzt.

Weimarer Republik

Die Weimarer Republik wird 1918 gegründet, die erste demokratische Verfassung Deutschlands wird am 11. August 1919 von der Nationalversammlung in Weimar verabschiedet. In ihr werden Freiheits- und Grundrechte festgeschrieben, die teilweise auf die Deutsche Revolution zurückgehen. Trotzdem ist die Verfassung im Vergleich zu heutigen Standards nicht ganz demokratisch. Der Reichspräsident, auch „Ersatzkaiser" genannt, hat die Macht, die Grundrechte außer Kraft zu setzen. Die Republik hat von Anfang an mit innerpolitischen Schwierigkeiten zu kämpfen, viele Parteien verweigern

Koalitionsbildungen und die Bevölkerung zeigt sich der neuen Regierungsform allgemein skeptisch gegenüber. Bis 1923 gibt es mehrere Putschversuche. Auch wirtschaftlich geht es bergab, denn die Nachwirkungen des Ersten Weltkriegs belasten das Land in den ersten Jahren stark.

Die Republik muss als Kriegsentschädigung 132 Milliarden Goldmark als Reparation zahlen. Als sie dies nicht schafft, besetzen französische und belgische Truppen das Ruhrgebiet, wobei Rohstoffe erworben und die Staatsschulden weiter erhöht werden. Dies führt zu einer Hyperinflation, die Mark verliert rapide an Wert – 1 Dollar entspricht auf einmal 4,21 Billionen Reichsmark. Rettung bringt erst eine Währungsreform, sodass es ab 1924 zu einer Stabilisierung kommt, welche die „Goldenen Zwanzigerjahre" einläutet.

Prohibition in den USA

Von 1920 bis 1933 ist es in den Vereinigten Staaten verboten, Alkohol herzustellen, zu transportieren oder zu verkaufen. Grund für das Verbot waren Proteste religiöser Gruppen, zunehmender Alkoholismus und die Notwendigkeit, die Getreideproduktion nach dem Krieg vor allem für die Nahrungsmittelversorgung zu nutzen. Tatsächlich trinken die Amerikaner während dieser Zeit mehr als je zuvor. Zahlreiche Schmuggler lassen sich kreative Wege einfallen, Alkohol zum Amerikaner zu bringen.

Nicht alle werden geschnappt und viele werden durch den Alkoholschmuggel reich. Auch das Trinkverhalten an sich ändert sich, Männer und Frauen trinken nun öfter zusammen. Es entstehen sogenannte "Speakeasies", geheime Trinkstuben, in denen Korruption und Schwarzmarkt florieren. Um Alkoholmengen zu transportieren, werden teilweise Fläschchen in Broten oder Strumpfbändern am Körper versteckt, sogar Schweinekadaver werden als Versteck genutzt. Nach vielen Protesten, Alkoholvergiftungen durch eine rapide Abnahme der Qualität des Alkohols und wirtschaftlichen Krisen hebt Präsident Hoover die Prohibition schließlich auf.

Die Goldenen Zwanzigerjahre

Nachdem die Hyperinflation in der Weimarer Republik endet, beginnt für viele eine Zeit des Feierns. Die Goldenen Zwanziger sind geprägt von Jazz, Freikörperkultur, einer kulturellen Blütezeit und Rausch. Künstler und Intellektuelle suchen neue Ausdrucksformen und brechen mit den alten Traditionen des Kaiserreichs, die Neu-Sachlichkeit, welche sozialkritische Themen in den Fokus nimmt, ist angesagt.

Auch die Politik will Deutschland aus konservativen Denkmustern holen und es durch außenpolitische Maßnahmen mehr in die Europäische Gemeinschaft integrieren. Viele Frauen werden selbstbewusster und zeigen dies, indem sie sich schminken, kurze Frisuren tragen und öffentlich rauchen. Inspiriert von US-amerikanischer Kultur wird der Lebensstil freizügiger und neue Massenmedien wie der Film etablieren sich. Doch nicht alle Bürger haben die Möglichkeit, sich zu vergnügen; die meisten kämpfen noch immer mit dem Trauma und den wirtschaftlichen Folgen des Krieges.

Weltwirtschaftskrise

Mit dem Börsencrash vom 25. Oktober 1929 in New York, auch „Schwarzer Freitag" genannt, beginnt im Oktober 1929 die Weltwirtschaftskrise. Die Folgen in Deutschland sind verheerend, amerikanische Kredite werden den Deutschen abgezogen. Weil Produktionen drastisch eingestellt werden, verlieren Millionen Menschen ihre Jobs und Banken brechen zusammen.

Die Goldenen Zwanziger sind endgültig vorbei. Die Deflationspolitik des Reichskanzlers Heinrich Brüning geht nicht auf, was rechtsextremen Parteien wie der NSDAP in die Hände spielt. Die Große Koalition, bestehend aus SPD, Zentrum, DVP und DDP zerbricht und es kommt zu keiner weiteren Koalitionsbildung, die Reichspräsident Paul von Hindenburg dazu veranlasst, vom Notverordnungsrecht Gebrauch zu machen. Dabei wird ohne parlamentarische Zustimmung regiert, die Demokratie ist also außer Kraft gesetzt. Durch die Weltwirtschaftskrise kommt es also zum Verlust der Demokratie in Deutschland, die NSDAP steigt auf und die Weimarer Republik schreitet ihrem Ende entgegen.

1930 – 1940

Aufstieg Hitlers

Jahrelange versuchen die Nazis, die Macht in Deutschland gewaltsam an sich zu reißen. Als das nicht funktioniert, wechseln sie zur legalen Machtübernahme über und verzichten auf Anstürme und Putschversuche. Am 30. Januar 1933 wird Adolf Hitler von Reichspräsident Paul von Hindenburg zum Reichskanzler ernannt, nachdem die Nationalsozialisten im Jahr zuvor zur stärksten Fraktion aufgestiegen waren. Sie hatten sich die schlechte Stimmung gegen die Weimarer Republik zunutze gemacht und eine große Wählerschaft aufgebaut.

Nach Jahren der Unsicherheit in der Republik und mit der nun herrschenden Massenarbeitslosigkeit sehnt sich das Volk nach einer starken Führungsperson, die das Land wieder zu Wohlstand bringt. Binnen weniger Monate wandelt die NSDAP die Demokratie in eine totalitäre Diktatur um, mit Notverordnungen und Gleichschaltung, also einer erzwungenen Eingliederung aller wirtschaftlichen, politischen und sozialen Kräfte in ihre Organisation. Politische Gegner, allen voran Funktionäre der KPD und SPD werden im besten Fall erpresst und entlassen, im schlimmsten Fall gefoltert und ermordet. Das Hakenkreuz prangt auf Flaggen in fast allen Gebäuden, 1935 wird es zum alleinigen Hoheitszeichen des Deutschen Reiches erhoben. Presse, Film und Rundfunk müssen für die Propaganda der NSDAP herhalten, die unter Reichspropagandaleiter Joseph Goebbels gezielt die Bevölkerung beeinflusst. Kinder werden von klein auf radikalisiert, indem sie als Mitglieder der Hitler-Jugend ideologisch im Sinne des Dritten Reichs geschult werden. So gut wie jeder Lebensbereich wird von den Nationalsozialisten bestimmt und verwaltet.

Für viele ist das die Wende, die Deutschland gebraucht hat. Im Januar 1935 hat die NSDAP knapp 2,5 Millionen Parteimitglieder. Die Partei wirkt nicht nur durch ihre stramme Haltung und Geradlinigkeit attraktiv; die Uniformen für SS und Hitlerjugend werden vom Unternehmen Hugo Boss geschneidert.

Bürgerkrieg in Spanien

Während das Nazi-Regime in Deutschland das Land drastisch verändert, herrscht in Spanien von 1936 bis 1939 Bürgerkrieg. Unter dem konservativen General Francisco Franco bricht eine Revolte gegen die linke republikanische Regierung Spaniens aus. Hitler greift 1936 in den Krieg ein, als der Putsch schon fast niedergeschlagen ist. Grund dafür ist sein Anliegen, den Faschismus in Europa voranzutreiben. Er plant die Expansion des Reiches und fürchtet sich vor einem kommunistischen oder sozialistischen Spanien, dass sich mit seinen Feinden verbünden könnte. Eine weitere Motivation war die Bindung zum faschistischen Italien, das Franco in Spanien ebenfalls unterstützte. Vom Deutschen Reich und Italien mitsamt ihren Luftwaffen und Panzern unterstützt, gewinnt Franco den Krieg 1939, womit seine Diktatur beginnt.

Nürnberger Gesetze

Als Legitimationsgrundlage für die Verfolgung und Ermordung von Juden halten die Nürnberger Rassengesetze her. Das pseudowissenschaftliche "Blutschutzgesetz" schreibt Antisemitismus gesetzlich vor. Die Eheschließung zwischen Juden und Jüdinnen und "Staatsangehörigen deutschen Blutes" wird unter Strafe gestellt. Für die Nationalsozialisten ist egal, wer sich selbst als Jude begreift oder nicht, für sie zählen lediglich biologische und ideologische Kategorien, die von ihrem Rassismus geprägt sind. Menschen werden je nach ihrer Abstammung jüdischer Großeltern in unterschiedliche Abstufungen von Juden unterteilt. Die antisemitischen Überzeugungen der NSDAP sind keinesfalls ein Geheimnis, schon ihr Parteiprogramm aus dem

Jahr 1920 macht deutlich, dass jüdische Menschen nicht zur Volksgemeinschaft zählen können. Spätestens 1938 haben deutsche Juden alle ihre Grundrechte verloren, obwohl die Begründung der Nazis auf willkürlichen, unwissenschaftlichen Annahmen aufbaut.

Olympische Spiele in Berlin

1936 werden in Berlin die Olympischen Spiele ausgetragen. Nazi-Deutschland zeigt sich trotz bereits aufkeimender Kritik am Regime offen und gastfreundlich. Goebbels bereitet das Land auf die einreisende Presse vor; für die Dauer der Spiele finden sich weder in Zeitungen noch in anderen Medien Hetze gegen Juden, zwei "Halbjuden" werden in die Truppe der deutschen Athleten aufgenommen. Die Spiele werden begleitet von kulturellen Veranstaltungen, was bei den ausländischen Gästen gut ankommt. Das Olympiateam des Deutschen Reichs gewinnt am Ende 33 Goldmedaillen, die meisten in den Disziplinen Turnen, Leichtathletik und Rudern.

Was für die Nationalsozialisten nicht ins Bild passt, ist der Sportler Jesse Owens, ein schwarzer Amerikaner, der mit vier Goldmedaillen der erfolgreichste Athlet ist.

Pogromnacht

In der Nacht vom 9. auf den 10. November 1938 brennen im Reich Hunderte Synagogen, es werden jüdische Wohnungen und Geschäfte zerstört und Juden selbst getötet. Die Nationalsozialisten verstecken ihren Antisemitismus nicht länger. Viele Deutsche profitieren von diesem Terror, denn seit Jahren festigt sich durch Verschwörungstheorien und rechte Propaganda der Hass gegen Juden in ihnen, zudem gehen viele Besitztümer der Verfolgten auf sie über.

Lange Zeit wird dieses Ereignis als „Kristallnacht" bezeichnet, heute wird jedoch von „Pogromnacht" gesprochen, da der erstgenannte Begriff Experten und Holocaust-Überlebenden zufolge die Gräueltaten der Nazis verschleiert und eher mit zerbrechenden Kronleuchtern in Verbindung gebracht wird, als mit zerstörten Existenzen und ermordeten Menschen.

Beginn des Zweiten Weltkriegs

Am 1. September 1939 beginnt der Zweite Weltkrieg mit dem Blitzkrieg auf Polen durch die Nationalsozialisten. Schon lange plant Hitler, Gebiete im Osten einzunehmen. Zu Anfang spricht die NS-Propaganda noch nicht von einem Krieg, sondern nur von einer „Strafaktion" auf Polen wegen angeblichen Grenzverletzungen und Provokationen. Trotzdem ist jedem klar, was bevorsteht.

Viele verfolgen das Geschehen mit Sorge, da Erinnerungen an den Ersten Weltkrieg und dessen verheerende Folgen hochkommen. Andere sind von Anfang an siegessicher und setzen Vertrauen in die Stärke der Wehrmacht. Der Kampf mit den Westmächten wird jedoch brutal und weitaus größer als von den Nazis geplant. Besonders Großbritannien erweist sich als schwerer Gegner, dessen Truppen werden von Premierminister Winston Churchill zu Durchhaltevermögen motiviert. Auch im Krieg gegen die Sowjetunion stößt das Reich an seine Grenzen, ab 1942 bildet diese mit den USA und Großbritannien eine feste Koalition. Die Moral der Bevölkerung bröckelt vor allem nach der deutschen Niederlage in Stalingrad 1943, trotzdem wird noch einmal zum „Totalen Krieg" aufgerufen. Noch immer glauben viele Bürger an den Sieg, Luftangriffe der Alliierten schüren den Hass auf die Feinde. Doch die militärische Niederlage des Dritten Reichs ist längst absehbar.

1940 – 1950

Holocaust

Schon in den 1930er-Jahren begannen die Nazis damit, Konzentrations- und Arbeitslager zu erbauen. Dort findet zu großen Teilen der Holocaust, auch Schoah genannt, statt – der Völkermord an den Juden. 1942 wird auf der

Wannsee-Konferenz die „Endlösung der Judenfrage" beschlossen und die weitere Organisation des begonnenen Holocausts koordiniert. Der Krieg hält die Nationalsozialisten nicht von Hitlers Ziel ab, alle europäischen Juden zu vernichten. In den grausamen Arbeitslagern und Tötungsstätten verlieren in den folgenden Jahren Millionen von Menschen ihr Leben, mindestens 1,1 Millionen allein in Auschwitz. Die Opfer in den KZs sind hauptsächlich Juden, politische Häftlinge, Homosexuelle sowie Sinti und Roma, denen jeglicher Besitz entwendet wird, bevor sie massenhaft deportiert und in Zügen in die Lager gebracht werden. In den Gaskammern werden jene, die für die harte Arbeit zu schwach sind, durch Zyklon B getötet, ein Gas, das einen qualvollen Erstickungstod hervorruft.

Etwa 80 % der Neuankömmlinge in Auschwitz werden 1942 sofort ermordet, ihnen wird gesagt, dass sie in den Kammern lediglich desinfiziert werden. Unter den Opfern sind auch viele Kinder, Frauen und Alte. Nachdem ihren Leichen Goldzähne herausgebrochen, Prothesen entfernt und die Haare geschoren wurden, werden sie in Krematorien oder in speziell dafür angelegten Gruben verbrannt. Die Arbeitssklaven müssen in überfüllten Unterkünften leben und sterben meist kurz nach ihrer Ankunft an der harten Arbeit, Krankheiten oder durch sadistische Wärter. Die ca. 6.5000 SS-Leute, die von 1940 bis 1945 in Auschwitz arbeiten, leben meist mit ihren Familien unbeschwert ganz in der Nähe des Lagers.

Als das Kriegsende naht, werden in Auschwitz-Birkenau mehrere Zehntausend Häftlinge dazu gezwungen, in den Westen zu marschieren. Auf diesem Todesmarsch ins Reichsgebiet sterben ebenfalls viele Gefangene. Zuvor hatte die SS in einer Nacht noch mehrere tausend Häftlinge ermordet und versucht, jegliche Beweismittel zu vernichten. Am 27. Januar 1945 wird das Konzentrationslager von Soldaten der Roten Armee befreit, nur noch 7.000 Menschen sind vor Ort. Der Tag ist heute ein internationaler Holocaust-Gedenktag. Bis zum Ende des Dritten Reichs wurden 6 Millionen Juden getötet.

Widerstandsbewegungen

Viele Bürger profitieren von Hitlers Politik und sehen lange Zeit keinen Grund darin, sich gegen das Regime aufzulehnen. Trotzdem bilden sich während der NS-Zeit zahlreiche Widerstandsbewegungen wie die "Weiße Rose", die "Rote Kapelle" oder der "Kreisauer Kreis". Anhänger dieser Organisationen müssen um ihr Leben fürchten, denn die Nationalsozialisten versuchen mit allen Mitteln Andersdenkende „auszuschalten". Der Widerstand der Zivilbevölkerung äußert sich vor allem in kleinen Aktionen und Aufrufen zur Rebellion. Das Ehepaar Elise und Otto Hampel beispielsweise verteilt in Berlin Postkarten und Zettel, die den Nationalsozialismus verurteilen und zum Widerstand aufrufen.

Tragische Berühmtheit erlangen die Geschwister Hans und Sophie Scholl, Mitglieder der Studentengruppe Weiße Rose aus München, die beim Verteilen von Flugblättern erwischt und im Februar 1943 hingerichtet werden. Auch emigrierte Intellektuelle wie Thomas Mann wenden sich aus dem Schutz des Exils gegen die Nazis, innerhalb Deutschlands wehrten sich auch Kirchenleute wie Dietrich Bonhoeffer oder Martin Niemöller gegen die Nazis.

Angriff auf Pearl-Harbor

Am 7. Dezember 1941 starten die japanischen Marineluftstreitkräfte einen Überraschungsangriff auf den Flottenstützpunkt Pearl Harbor auf der hawaiianischen Insel Oahu. Im Gefecht sterben über 2.000 Menschen. Allein 1.100 von ihnen fanden ihren Tod auf der USS Arizona, einem mächtigen Kriegsschiff, dass von einer Bombe getroffen wird und in kürzester Zeit untergeht. Überlebenden Matrosen des Schiffs wurde erlaubt, nach ihrem Tod ihre Asche über dem Wrack verstreuen zu lassen. Bis heute ranken sich Verschwörungstheorien um den Angriff, vor allem, weil die USA nach Pearl Harbor in den Weltkrieg eintritt. Präsident Roosevelt soll vom Angriff gewusst und ihn genutzt haben, um einen Grund für den Kriegseintritt zu haben. Dafür gibt es jedoch keine stichhaltigen Beweise. Fest steht, dass der Angriff auf

Pearl Harbor zu den wichtigsten Ereignissen des Zweiten Weltkriegs gehört und ins Kollektivgedächtnis der Amerikaner gebrannt ist.

D-Day

Als D-Day geht der 6. Juni 1944, an dem die Alliierten den Omaha Beach an der Küste der Normandie stürmen, in die Geschichte ein. Es ist die größte Invasion einer Landungsarmee aller Zeiten. Rund 150.000 Amerikaner, Franzosen, Briten, Kanadier und Polen landen an fünf verschiedenen Stränden, Hitler hält die Invasion zu Anfang noch für ein Täuschungsmanöver. Doch die Truppen meinen es ernst. Mit Flugzeugen, Schiffen, Fallschirmjägern, Fahrzeugen und Soldaten wird der Feind bekämpft.

Die Alliierten schaffen es, bis zum 12. Juni die fünf Landungsorte zu einer zusammenhängenden Front zu verbinden, die insgesamt 100 Kilometer lang ist und eine Tiefe von 30 Kilometern hat. Auch als das Ausmaß der Invasion klar ist, unterstützt Hitler die deutschen Truppen in der Normandie nicht. Trotz dessen wird der Kampf ins Landesinnere nicht einfach, vereinzelte deutsche Infanterieeinheiten durchkreuzen immer wieder die Pläne der alliierten Truppen. Am 31. Juli jedoch durchbrechen diese die deutsche Front bei Avranches und ermöglichen so einen Bewegungskrieg, der später zur Befreiung Frankreichs führt. Der Kampf am und nach dem D-Day läutet somit das Ende des Zweiten Weltkrieges ein.

Stauffenberg-Attentat

Am 20. Juli 1944 versucht der Wehrmachtsoffizier Claus Schenk Graf von Stauffenberg Adolf Hitler mithilfe von Sprengladungen im Führerhauptquartier Wolfsschanze zu töten. Das Attentat des adligen Berufsoffiziers gilt als bedeutendster Umsturzversuch zur NS-Zeit. Dabei agiert Stauffenberg nicht allein. Über 200 Personen sind in die Planung der Tat verwickelt, darunter Offiziere, Geistliche, Beamte und Sozialisten. Doch der Staatsstreichversuch scheitert und Hitler wird nur leicht verletzt, Stauffenberg wird kurz darauf getötet. Obwohl dies als das bekannteste Attentat auf den Führer gilt, ist es nicht das Einzige. Mindestens 39 Angriffe überlebt Adolf Hitler bis 1945.

Ende des Zweiten Weltkriegs

Am 8. Mai 1945 endet der Zweite Weltkrieg mit der Kapitulationserklärung der deutschen Wehrmacht. Die Welt atmet nach jahrelangen Kämpfen und Städtezerstörungen auf, etwa 60 Millionen Menschen waren während des Zweiten Weltkriegs gestorben. Doch nach der Stunde Null ist der Spuk für die Deutschen noch lange nicht vorbei. Im Land der Verlierer fehlt es an Nahrung und Kleidung, viele haben ihr Zuhause verloren und wandern durch die zerstörten Städte.

Am 30. April 1956 hatte sich Hitler das Leben genommen, das Land ist führerlos und erschöpft. Die drei großen Siegermächte, vertreten durch Winston Churchill, Josef Stalin und Franklin D. Roosevelt bzw. Harry S. Truman setzen die Entnazifizierung in Gang und teilen das Land in vier Besatzungszonen auf. Eine gesamtdeutsche Verwaltung kommt nicht zustande, die unterschiedliche Politik der USA, Frankreich, Großbritannien und der UdSSR legt den Grundstein für den Kalten Krieg und die deutsche Teilung Jahre später.

Nürnberger Prozesse

Bis zum Oktober 1946 finden in Nürnberg die Prozesse gegen die Hauptkriegsverbrecher des Zweiten Weltkriegs statt. Knapp 200 Nationalsozialisten aus Verwaltung, Militär, Politik und Wirtschaft werden insgesamt angeklagt, zwölf von ihnen bekommen die Todesstrafe. Die Kriegsverbrechen und Morde in den Konzentrationslagern aufzuarbeiten, ist eine riesige juristische Herausforderung, über die sich selbst die Angeklagten wundern. Viele von ihnen gingen davon aus, ohne Gerichtsverfahren sofort erschossen zu werden.

Zu den prominentesten von ihnen gehören Hitlers Stellvertreter Rudolf Heß und Reichsmarschall Hermann Göring. Die Entnazifizierung der gesamten deutschen Bevölkerung stellt ebenfalls eine Herausforderung dar, denn würde jeder einzelne nationalsozialistische Verbrecher verhaftet werden, wäre die Verwaltung des Landes unmöglich. Per Fragebögen geben die Bürger an, in welchem Grad sie an den Verbrechen beteiligt waren. Viele entgehen so ihrer gerechten Strafe und leben im Nachkriegsdeutschland unbescholten weiter.

Berliner Luftbrücke

Die sowjetische Besatzungsmacht sperrt von Juni 1948 bis Mai 1949 Land- und Wasserwege nach West-Berlin. Grund ist die Einführung der D-Mark, die Stalin nicht passt. Er will seinen Anspruch auf Berlin untermauern. Die Westalliierten versorgen Berlin in dieser Zeit über eine Luftbrücke, fast ein ganzes Jahr lang. Über zwei Millionen Tonnen Lebensmittel werden durch die „Rosinenbomber" in 277.000 Flügen über die Stadt verteilt, bis Stalin im Mai 1949 die Blockade beendet und einsieht, dass eine Teilung unausweichlich ist.

Gründung von BRD und DDR

Am 23. Mai 1949 entsteht die Bundesrepublik Deutschland, gleichzeitig tritt das Grundgesetz der BRD in Kraft. Grund dafür sind vor allem die Meinungsverschiedenheiten der Siegermächte, vorrangig der USA und der Sowjetunion. Während die USA ein „Vereinigtes Wirtschaftsgebiet" anstrebt, wird im Osten bereits die sozialistische Zentralplanwirtschaft eingeleitet. Durch die Berlinblockade kommt es dann zur endgültigen Spaltung der Viermächte-Regierung und die doppelte Staatsgründung ist absehbar.

Am 7. Oktober des gleichen Jahres wird dann auch die Deutsche Demokratische Republik gegründet, im Gegensatz zur BRD, die einer parlamentarischen Demokratie entspricht, ist die DDR eine Diktatur der Sozialistischen

Einheitspartei Deutschlands (SED). Bis 1990 ist Deutschland in zwei Staaten geteilt.

1950 – 1960

Tod Stalins

Mit dem Tod Stalins im Frühjahr 1953 endet eine jahrzehntelange Diktatur der Säuberung und des Terrors. Die sogenannte „rote Diktatur" unter Josef Stalin geht als eines der schlimmsten Verbrechen der Menschheit in die Geschichte ein. Stalin lässt nach seiner Machtübernahme 1924 politische Gegner ermorden und radiert sie vollständig aus dem kollektiven Gedächtnis der Bevölkerung, indem er Fotos vernichtet oder retuschiert und Existenzen leugnet. Er lässt sein Volk leiden, will eine Zwangskollektivierung der russischen Bauern durchsetzen und löst eine Hungersnot aus. Während des Zweiten Weltkriegs lässt er Truppen der Roten Armee schlecht ausgerüstet gegen Hitler in den Kampf ziehen. Er deportiert Millionen von Menschen in die Gulags, Konzentrationslager innerhalb der UdSSR, in denen Stalins Feinde und Kritiker arbeiten und sterben mussten. Das Unterdrückungssystem forderte nicht nur das Leben von knapp 4,5 Millionen Menschen, sondern war auch überaus unwirtschaftlich und bezeugte die Rückständigkeit Russlands.

Um Stalin entsteht trotzdem oder gerade deswegen ein Personenkult. Der Diktatur wird als Erlöser des Volkes porträtiert und von vielen verehrt. Diese Verehrung nimmt nach seinem Tod ab und die Sowjetunion wird fortan entstalinisiert.

Das „Wunder von Bern"

Im Juli 1954 wird Deutschland in der Schweiz das erste Mal Fußball-Weltmeister. Im Endspiel gewann die bundesdeutsche Fußballnationalmannschaft gegen die Nationalmannschaft Ungarns mit einem 3:2-Sieg. In Deutschland bricht daraufhin großer Jubel aus, denn der Gewinn stärkt das

Selbstwertgefühl der Nation, vor allem in Westdeutschland. Im Nachhinein wird das Event oft als die eigentliche Geburtsstunde der Bundesrepublik Deutschland bezeichnet.

Wirtschaftswunder

Dank des ersten Wirtschaftsministers der BRD, Ludwig Erhard, kehrt in den 1950ern der Wohlstand nach Deutschland. Gründe sind vor allem eine Währungsreform, das Konzept der sozialen Marktwirtschaft und die steigende Industrieproduktion. Ab 1950 sinkt die Arbeitslosigkeit von über 12 % immer mehr und schon gegen Ende der 50er herrscht Vollbeschäftigung. Damit verringert sich auch die Wohnungsnot und sozial schwächer gestellte Menschen bekommen allmählich staatliche Unterstützung.

Die Binnenkonjunktur wird durch eine hohe Nachfrage nach Exportgütern gesteigert, der Außenhandel wird immer wichtiger. Das Konsumverhalten der Bürger boomt dank neuer technischer Innovationen für den Alltag und verlockenden Statussymbolen. Nach Jahrzehnten des Kriegs und der Armut wollen die Deutschen unbeschwert leben und kaufen. Doch nicht alles ist rosig; es kommt auch zu Protesten und Arbeitskämpfen, denn große Unternehmen profitieren vom Aufschwung deutlich mehr als Arbeitnehmer, außerdem wird für bessere Arbeitsbedingungen gekämpft. Arbeitszeiten sollen kürzer werden, Arbeiter wollen mehr soziale Sicherheit und Frauen fordern die gleiche Entlohnung wie Männer.

Republikflucht

Viele Menschen wurden von der Spaltung Deutschlands hart getroffen. Bis 1990 fliehen rund 3,8 Millionen Menschen aus der DDR, meist illegal und über gefährliche Wege. Schon zurzeit des Mauerbaus nehmen viele Bürger Reißaus und flüchten mit nur wenigen Habseligkeiten in den Westen, nachdem bekannt wurde, dass der Ostteil Berlins vom Westen abgesperrt wird.

Der illegale Grenzübertritt wird unterschiedlich bestraft, in leichten Fällen mit Geldstrafe oder bis zwei Jahren Freiheitsentzug und in schweren Fällen mit bis zu acht Jahren Freiheitsentzug. Für manche kommt es noch schlimmer, über 100 Menschen werden auf der Flucht erschossen.

Sputnik 1

Im Oktober 1957 wird der erste Satellit von der Sowjetunion ins All geschickt. Sputnik 1 löst bei den Amerikanern, die ebenfalls im Rennen um die Vorherrschaft im All sind, Besorgnis aus. Die politischen und gesellschaftlichen Reaktionen auf Sputnik 1 nennt man auch „Sputnikschock", denn zu Zeiten des Kalten Krieges ist die Raumfahrt repräsentativ für den Wettlauf von Ost und West.

Als Reaktion wird in Amerika die NASA gegründet und das Bildungssystem der Staaten umgekrempelt, denn die ganze Nation ist sich einig, dass es mehr kluge Köpfe geben muss, die der Sowjetunion nicht nur im Weltraum die Stirn bieten können. Zur Panik trägt auch die Erkenntnis bei, dass der Osten nun offensichtlich in der Lage ist, nukleare Interkontinentalraketen auf die USA abzuschießen.

1960 – 1970

Contergan-Skandal

1961 und 1962 wird in der BRD einer der größten Arzneimittelskandale aufgedeckt. Das Beruhigungsmittel Contergan wurde Schwangeren empfohlen, obwohl das Mittel Fehlbildungen im Mutterleib auslöste. Das Medikament sollte bei Nervosität, Schlafstörungen und Übelkeit eingenommen werden, dazu wurde die Einnahme für verstärkte sexuelle Erregbarkeit von Frauen eingenommen werden.

Vor allem in Westdeutschland war die Arznei wirtschaftlich ein Erfolg. Dabei sind die Nebenwirkungen fatal, da es die Nerven und Entwicklung von

Embryos beschädigt, sodass sich Extremitäten und innere Organe nicht richtig ausbilden. Erst drei Jahre nach der Geburt der ersten „Contergan-Kinder" kommt der Skandal ans Licht, bis heute haben 2.500 Menschen mit teils schweren Fehlbildungen durch Contergan überlebt.

Beatles-Wahn

In den 1960ern bricht weltweit Begeisterung um die britische Popgruppe der Beatles aus. Die "Beatles-Mania" erreicht auch Deutschland, 1966 reisen die Fab Four für drei Tage ins Land und lösen die reinste Hysterie aus. Anfang der 1960er waren sie bereits für zwei Jahre in Hamburg gewesen, wo sie durchgehend in Nachtclubs auftraten und ihren unverwechselbaren Sound entwickelten.

Als sie erneut deutschen Boden betreten, werden sie von ihren jugendlichen, meist weiblichen Fans buchstäblich verfolgt, ihre Hotels werden belagert und immer wird geschrien. Vor allem ältere Bürger des eingestaubten Nachkriegsdeutschlands sind verwundert über die Hysterie.

Beginn des Mauerbaus

Im August 1961 beginnt der Bau der Berliner Mauer. Das Ziel ist es, Menschen von der Flucht von Ost nach West zu stoppen. Die Mauer in Berlin ist 46 Kilometer lang und wird zu dem Symbol des Kalten Krieges, das über 28 Jahre lang bestehen wird. Im Juni 1961 verkündet SED-Chef Walter Ulbricht noch: „Niemand hat die Absicht, eine Mauer zu errichten", eine dreiste Lüge. Sämtliche Verkehrswege zwischen West- und Ost-Berlin werden unterbrochen, in kurzer Zeit werden die Stadtteile komplett abgeriegelt und es werden Grenzposten erbaut. Die Mauer trennt Familie und Freunde und bedeutet für manche den Tod. Zwischen 1961 und 1989 werden mindestens 136 Menschen an der Berliner Mauer getötet.

„Ich bin ein Berliner"

Im Juni 1963 kommt der US-Präsident John F. Kennedy nach West-Berlin, um seine Solidarität auszudrücken. Die Welt befindet sich in einer heißen Phase des Kaltes Krieges zwischen Ost und West, die Menschen im Westteil der Frontstadt Berlins sind durch die Berliner Mauer erneut abgeschnitten. Kennedy will es vermeiden, definitive Aussagen zur Situation zu machen und wählt in seiner Rede daher die altbewährte Methode, etwas in der Landessprache zu verkünden.

Sein Ausspruch „Ich bin ein Berliner" geht in die Geschichte ein, die rund 400.000 West-Berliner vor dem Schöneberger Rathaus sind begeistert. Sie fühlen sich vom Staatsoberhaupt bestätigt und geschützt gegen die Macht des Kommunismus, auch wenn der Rest der Rede schnell vergessen ist. Die DDR ist von Kennedys Rede allerdings gar nicht begeistert, dort empfindet man diese als Provokation.

Vietnamkrieg

Währenddessen tobt noch immer der Vietnamkrieg, der 1955 begann und erst 1975 enden sollte. Im Wesentlichen geht es weniger um den Konflikt zwischen Nord- und Südvietnam, sondern um den Einfluss der kommunistischen Sowjetunion und der USA in Asien.

Für die Vereinigten Staaten ist der Krieg besonders wichtig, sie unterstützen Südvietnam und wollen den kommunistischen Norden zurückdrängen. Dabei gehen sie vor allem gegen die Zivilbevölkerung äußerst brutal vor. Luftangriffe und Bodentruppen gehören bald zum Alltag für die Vietnamesen, das chemische Entlaubungsmittel Napalm richtet verheerende Schäden an und auch die Länder Laos und Kambodscha werden durch den Krieg destabilisiert. Als erste Bilder und Videos des Schreckens um die Welt gehen, gibt es in den USA und anderen Ländern heftige Proteste. Denn neue Technologien machen nun nicht nur Militärgruppen effizienter, sie sorgen auch dafür, dass solche Gräueltaten nicht mehr länger mehrere tausend Kilometer weit entfernt im Verborgenen stattfinden. 1971 ziehen sich die USA aus Vietnam zurück, 1975 endet der Krieg, als Nordvietnam Saigon einnimmt. Über 3 Millionen Soldaten und Zivilbürger sind bis dahin gestorben.

68er-Bewegung

Ende der 1960er werden Proteste gegen Menschenrechtsverletzungen, nationalsozialistisches Gedankengut, Sexismus und den Vietnamkrieg immer lauter. Vor allem linke Studenten protestieren gegen die Werte alter Generationen und Führungsmächte. Sie beklagen, dass viele ihrer Professoren Nazis waren bzw. es noch immer sind und fordern eine gründliche Aufarbeitung des Nationalsozialismus.

Zur Personifikation der Bewegung wird Rudi Dutschke, der sich selbst als Revolutionär ansieht und Reden hält, in denen er zum Sturz der Klassengesellschaft aufruft. Teilweise ruft er auch zu Gewalt auf, diese sei legitim, um die bereits herrschende Gewalt zu zerstören. Die meisten Protestanten praktizieren aber friedliche Sit-ins und Teach-ins, belagern also öffentliche Plätze und Hochschulräume, halten Versammlungen ab und marschieren durch die Straßen der Großstädte. Selbst friedliche Anhänger der Studentenbewegung greifen jedoch zu Gewalt, als die Polizei bei einem Protest in Berlin das Feuer eröffnet und den 26-jährigen Benno Ohnesorg tötet und es knapp zwei Jahre später einen Anschlag auf Rudi Dutschke gibt. Nach weiteren Großdemonstrationen verebbt die Bewegung vor allem wegen interner Zersplitterung.

Mondlandung

In der Nacht vom 20. auf den 21. Juli 1969 betritt das erste Mal ein Mensch den Mond. Sein Name ist Neil Armstrong und er wird mit seinem Spruch „Ein kleiner Schritt für einen Menschen, aber ein gewaltiger Sprung für die Menschheit" in die Geschichtsbücher eingehen. 500 Millionen Fernsehzuschauer verfolgen die Mission der Rakete Apollo 11 mit Spannung. Insgesamt drei Menschen befinden sich auf dem Mond, neben Neil Armstrong noch Edwin "Buzz" Aldrin und Michael Collins.

Insgesamt 21 Stunden verbringen die Raumfahrer auf dem Mond. Für die USA ist das ein wichtiges Ereignis, denn bisher hatte die Sowjetunion mit Sputnik 1 und dem ersten Menschen im All im Wettrennen der Raumfahrt die Nase vorn. Was nicht unerwähnt bleiben sollte: Zwar ist die Raumfahrt in den 1960ern stark männerdominiert, doch auch Frauen haben maßgeblich zur ersten Mondmission beigetragen. Allen voran Katherine Johnson, die mitverantwortlich für die Berechnung der Bewegungsbahn um den Mond und eine der wenigen afroamerikanischen Wissenschaftlerinnen bei der NASA war. Seit 1969 gab es nur wenige weitere bemannte Mond-Missionen, die letzte fand 1972 statt.

1970 – 1980

Ostverträge

In den frühen 1970ern werden mehrere Ostverträge geschlossen, in denen sich die Bundesrepublik und die Sowjetunion darauf einigen, den internationalen Frieden zu wahren. Dazu gehört auch der Warschauer Vertrag, der das Verhältnis zwischen der BRD und der Volksrepublik regelt. Im Zuge der Verhandlungen kniet Bundeskanzler Willy Brandt am 7. Dezember 1970 vor dem Mahnmal der Opfer des Aufstands im Warschauer Ghetto, symbolisch für das deutsche Schuldeingeständnis. Die Bilder des knienden Kanzlers gehen um die Welt und werden fast durchweg positiv aufgenommen. Hermann Schreiber vom Spiegel schreibt: „Dann bekennt er sich zu einer Schuld, an der er selber nicht zu tragen hat, und bittet um eine Vergebung, derer er selber nicht bedarf. Dann kniet er da für Deutschland."

Rote-Armee-Fraktion

Die linksextremistische RAF terrorisiert die BRD in den 1970ern mit Anschlägen. Sie protestiert gewaltvoll gegen Kapitalismus sowie den Staat und hat ihren Ursprung in der 68er-Bewegung. Die Mitglieder sehen im aktiven Kampf mit Gewalt und Waffen den einzigen Weg, auf politische und gesellschaftliche Missstände aufmerksam zu machen.

Im Kern der Gruppe stehen die Begründer Andreas Baader, Gudrun Ensslin und Ulrike Meinhof, deren Angriffe auf den Rechtsstaat der südamerikanischen Stadtguerilla gleichen und die ein ganzes Terrornetz um sich aufbauen. Den Höhepunkt erreicht der Terror 1977 mit der Ermordung des Generalbundesanwalts Siegfried Buback, dem Bankvorstandsvorsitzenden Jürgen Ponto und dem Arbeitgeberpräsidenten Hanns Martin Schleyer. In Stuttgart-Stammheim werden bis 1977 einige Mitglieder der RAF-Spitze lebenslänglich verurteilt, neben den drei bereits genannten Mitgliedern der RAF noch Jan-Carl Raspe. Alle Angeklagten begehen in Haft Selbstmord, womit die RAF ihr Ende findet. Zwar folgen noch weitere Generationen, diese sind allerdings um einiges mitgliedsschwächer und lösen sich 1998 endgültig auf.

Watergate-Affäre

Anfang der 1970er-Jahre werden nach und nach immer mehr Amtsmissbräuche im Weißen Haus aufgedeckt, darunter illegale Parteispenden und Abhöraktionen. Benannt wird der Skandal nach dem Watergate-Gebäudekomplex in Washington, in dem eingebrochen und Daten gestohlen sowie manipuliert wurden, um den Wahlkampf der Demokraten zu beeinflussen.

Die Watergate-Affäre erschütterte das Verhältnis der amerikanischen Bürger zu ihrer Führungselite nachhaltig, der Name wird mit Vertuschungsversuchen und Korruption in Verbindung gebracht. Bis heute wird das Wort „Gate" an Begriffe gehängt, die neue politische Affären benennen, die ein Amtsträger vertuschen will. Als Folge des Skandals tritt der damalige Präsident der USA, Richard Nixon, 1974 zurück.

Die wilden Siebziger

Die „wilden Siebziger" sind geprägt von populären Fernsehsendungen, Rock- und Discomusik, der Hippiebewegung und exzentrischen Mode- und Einrichtungsstilen. In der Bevölkerung entsteht ein neues Selbstbewusstsein dafür, sich frei zu entfalten und aus den gewohnten Mustern auszubrechen.

Trotz politischen Krisen und Angst vor dem RAF-Terror fühlen sich vor allem junge Menschen frei und begehren das Ausleben ihrer Jugend. Es findet auch eine sexuelle Revolution statt. Bis in die 1960er war die westlich geprägte Kultur eher prüde, nackte Haut galt als skandalös und Homosexualität war tabu. Nach der 68er-Bewegung etabliert sich das Konzept sexueller Befreiung und freier Liebe. Dazu trägt auch die Antibabypille bei, die seit ein paar Jahren in Deutschland zugelassen ist.

1980 – 1990

Skandal um gefälschte Tagebücher Hitlers

Das Magazin Stern veröffentlicht 1983 Tagebücher Hitlers, die sich später durch Papier-Analysen als Fälschungen des Betrügers Konrad Kujau herausstellen. Stern-Chefredakteur Gerd Heidmann, der die Dokumente für fast 10 Millionen Mark gekauft und über Jahre eine enge Bindung zu Kujau aufgebaut hatte, wird entlassen und muss eine Haftstrafe antreten, ebenso wie der Fälscher selbst.

Der Stern wird für die Jahrhundertfälschung international kritisiert, vor allem, weil die angeblichen Tagebücher auch inhaltlich nicht sehr überzeugend sind: Es gibt unter anderem Rechtschreibfehler und detaillierte Ausführungen über den Gesundheitszustand des Führers.

Katastrophe von Tschernobyl

Der bis dato verheerendste Unfall in einem Atomkraftwerk ereignet sich am 26. April 1986 im ukrainischen Tschernobyl an der Grenze zu Weißrussland.

Mehrere Zehntausende Menschen sterben an den Auswirkungen der radioaktiven Wolke, die bis nach Mitteleuropa zieht. In Block 4 des Kraftwerks war es wegen eines Sicherheitstests zu einer kompletten Kernschmelze gekommen, die daraufhin folgende Explosion stieß radioaktives Material ungehemmt in die Luft. Sogenannte Liquidatoren, Rettungstruppen aus Soldaten, chemischen Spezialtruppen aber auch Polizisten und Feuerwehrleute, Krankenschwestern, Ärzte und Bergleute arbeiteten monatelang daran, die Katastrophe durch erste Notfallmaßnahmen einzudämmen. Viele von ihnen tragen dabei keine ausreichende Schutzkleidung, die Bevölkerung um Tschernobyl wird viel zu spät informiert und muss später fatale Folgen ertragen.

Auch in Deutschland gibt es eine mangelnde Informationspolitik. Durch Regenfälle ist vor allem Süddeutschland von radioaktiver Belastung betroffen, noch heute herrscht in Wäldern Bayerns und Baden-Württemberg eine erhöhte Radioaktivität.

Fall der Berliner Mauer

Am 9. November 1989 fällt die Berliner Mauer und damit der Eiserne Vorhang, der Ost und West Jahrzehntelag trennte. Im ganzen Land waren während dieser Zeit knapp 800 Menschen getötet worden, als sie versuchten, über die Grenze zu flüchten. Die friedliche Revolution der DDR-Bürger ist erfolgreich und führt zur Wiedervereinigung der beiden deutschen Staaten, nachdem der Wunsch nach Reformen im autoritären Staat immer stärker geworden war. Der wichtigste Teil dieser friedlichen Revolution sind die Montagsdemonstrationen, bei denen in mehreren Städten der DDR gegen die staatliche Kontrolle und die Mangelwirtschaft protestiert wird.

Außerdem fordern die Bürger Rede-, Reise- und Wahlfreiheit, die es in der DDR nicht gab. Endgültig ausgelöst wird der Mauerfall durch Günter Schabowski, der live vor internationaler Presse eine neue Reiseverordnung vorstellt. Es kommt zu einer Kommunikationspanne: Auf Nachfrage des BILD-Reporters Peter Brinkmann, wann die Erlaubnis zum ständigen

Ausreisen in Kraft trete, antwortet Schabowski mit dem berühmten Satz „Das tritt nach meiner Kenntnis...ist das sofort, unverzüglich." Danach gibt es kein Halten mehr, an der Berliner Mauer wird gefeiert und DDR-Bürger im ganzen Land können in die BRD reisen.

Auflösung der Stasi

Kurz nach dem Mauerfall wird auch die Geheimpolizei der DDR, das Ministerium für Staatssicherheit aufgelöst. Dieses hatte zuvor etliche politisch Andersdenkende überwacht und/ oder gefangen gehalten und das mithilfe modernster Abhörtechniken sowie 90.000 hauptamtlichen und 110.000 inoffiziellen Mitarbeitern. Im Herbst 1989 fordern viele wütende Bürgerrechtler, die die Stasi seit Jahrzehnten hassen und sich von ihr unterdrückt fühlen, die Auflösung des Ministeriums. Damit dessen Mitarbeiter nicht heimlich Beweismaterial und Akten zerstören können, besetzen einige von ihnen mehrere Bezirks- und Kreisämter des Amtes für Nationale Sicherheit, wie die Stasi zuvor umbenannt wurde.

Bis zur Wiedervereinigung wurde der Überwachungsapparat fast vollständig zerschlagen und Stasi-Unterlagen wurden gerettet. Diese befinden sich heute in der Behörde der Bundesbeauftragten für die Unterlagen des Staatssicherheitsdienstes der ehemaligen Deutschen Demokratischen Republik (BStU).

1990 - 2000

Freilassung Nelson Mandelas

Am 11. Februar 1990 wird der politische Gefangene Nelson Mandela nach 27-jähriger Haft im südafrikanischen Gefängnis Robben Island entlassen. Mit seiner Freilassung beginnt der lange Weg zur Demokratisierung des Landes und letztendlich der Zerstörung des Apartheid-Systems und der Rassentrennung, die Südafrika jahrzehntelang bestimmte. Als Mandela das Gefängnis verlässt, freut sich die Bevölkerung nicht nur, sie ist auch gespannt darauf, wie der Friedenskämpfer aussieht, denn seit seiner Inhaftierung wurde kein Bild mehr von ihm geschossen.

Mandela macht sich in Freiheit sofort daran, sich um die politischen Missstände Südafrikas zu kümmern, denn das Land ist fast bankrott und steht kurz vor einem Bürgerkrieg. 1994 gibt es dann tatsächlich die ersten freien Wahlen, Mandela wird der erste schwarze Präsident Südafrikas und das rassistische Apartheid-Regime fällt endgültig.

Deutschlands Wiedervereinigung

Am 3. Oktober 1990 tritt die DDR endgültig der BRD bei, vier Jahrzehnte der deutschen Trennung sind vorbei. Nach der Wiedervereinigung spricht man von den Neuen Bundesländern, die auf dem Gebiet der einstigen DDR liegen. Eine große Herausforderung ist die Umstellung der ostdeutschen Wirtschaft auf die marktwirtschaftlichen Bedingungen des Westens. Hinzu kommt, dass viele volkseigene Betriebe der DDR marode sind und stillgelegt werden müssen. Daraufhin verlieren viele Ostdeutsche ihre Arbeit.

Im Osten eine neue, moderne Infrastruktur aufzubauen ist ebenfalls kostenintensiv und aufwendig. Dazu muss die SED-Diktatur aufgearbeitet werden. Das Zusammenwachsen von Ost und West ist ein langer Prozess und verläuft nicht immer konfliktfrei, trotz dessen ist die Wiedervereinigung ein Grund zu feiern. Seitdem ist der 3. Oktober ein Nationalfeiertag, der Tag der Deutschen Einheit.

Das erste geklonte Säugetier

Das erste von Wissenschaftlern geklonte Säugetier heißt Dolly und ist ein Schaf, dass die Welt in Aufruhr versetzt. Dolly wird am 5. Juli 1996 geboren und nach der amerikanischen Country-Sängerin Dolly Parton benannt. Sie hat keinen Vater, dafür aber drei Mütter. Ein Schaf spendete eine Körperzelle, ein zweites ein Ei und ein drittes fungierte als Leihmutter, die Dolly austrug.

Das Klonen wirft schon damals ethische Fragen auf. 2015 entscheidet das EU-Parlament, das Klonen von Nutztieren innerhalb der EU zu verbieten. Trotzdem hat sich die Gentechnologie seitdem stark weiterentwickelt, DNA kann heute gelesen und verändert werden. Dolly ist ein Meilenstein der Wissenschaft und zeigt, dass der Mensch in jeder Hinsicht immer mehr zum Erschaffer ohne Grenzen wird. Das Schaf stirbt 2003 an einer Lungenerkrankung.

Rechte Gewalt

In Deutschland kommt es in den 90ern vermehrt zu rechtsextremen Anschlägen, viele davon sind Brandanschläge und auch Morde. Seit dem Wendejahr 1990 soll es mindestens 198 Todesopfer rechter Gewalt geben. Diese Taten zeichnen sich häufig durch Spontaneität, hohe Gewaltbereitschaft und Wahllosigkeit aus. Ziel ist jeder, der nicht wie ein „echter Deutscher" aussieht und teilweise einfach zur schlimmsten Zeit am falschen Ort ist. Ob Opfer fremdenfeindlicher Gewalt beim Angriff sterben oder nicht, ist den Tätern oft egal. Neben Schlägereien kommt es auch häufig zu Brandstiftungen, wie beim Brandanschlag in Solingen im Jahr 1993, bei dem fünf Frauen und Mädchen getötet wurden. Seitdem gibt es immer wieder Debatten darüber, ob rechte Gewalt wirklich nur ein Randproblem oder ein weiter verbreitetes Phänomen ist.

Mit Hilfe dieser Quellen kannst du dich noch näher mit Themen des 20. Jahrhunderts auseinandersetzen:

Hawas, James: *Die kürzeste Geschichte Deutschlands*

Nonn, Christoph: *Das 19. und 20. Jahrhundert*

Nolte, Hans-Heinrich: *Weltgeschichte des 20. Jahrhunderts*

Hobsbawm, Eric: *Das Zeitalter der Extreme*

deutschegeschichte.eu

dhm.de/lemo (Lebendiges Museum Online)

TEIL 3: SPRACHE

„Dem Tom sein Buch!" – Grundlegende Grammatik des Deutschen

Die Grammatik der deutschen Sprache gilt als eine der Komplizierteren. Besonders für Menschen, die das Deutsche erst lernen, können Zeitunterschiede und grammatische Regeln verwirrend sein. Doch auch als deutscher Muttersprachler ist es manchmal nicht so leicht, den Durchblick zu behalten. Die folgenden Definitionen sollten da Abhilfe schaffen.

Nomen

Nomen, auch Nennwort oder Namenwort genannt, bezeichnen Dinge, Pflanzen, Tiere und Personen. Erkennbar sind sie daran, dass sie immer großgeschrieben werden. Auch Eigennamen sind Nomen. Wörter, die keine Nomen sind, wie z.B. Adjektive, können durch die Nominalisierung zum Nomen werden (Bsp. das Trinken).

Artikel

Artikel werden vor ein Nomen geschrieben und dazu benutzt, um auf Personen, Dinge und Situationen zu referieren und deren Geschlecht anzuzeigen. Es wird zwischen bestimmten und unbestimmten Artikeln unterschieden. Bestimmte Artikel sind „der", „die" und „das", die unbestimmten Artikel lauten „ein" und „eine".

Verben

Verben, auch als Zeitwörter oder Verbum bezeichnet, sind eine Wortart, die ein Geschehen oder einen Zustand ausdrückt. Verben können konjugiert, also umgeformt werden. Im Wörterbuch stehen Verben immer im Infinitiv, auch Grundform genannt. Sie bestehen aus einem Verbstamm und der Endung „-en" oder „-n". Wenn sie konjugiert werden, verändern sie ihre Form und können Informationen über die Zeitform, die Anzahl der Personen (Singular oder Plural) oder den Modus (Indikativ oder Konjunktiv) geben.

Adjektive

Adjektive sind Eigenschaftswörter, sie beschreiben also die Eigenschaften von Nomen. Tätigkeiten, Lebewesen, Begriffe oder Vorgänge werden durch sie charakterisiert. Adjektive können gesteigert werden (groß – größer – am größten) und vergleichen (nicht so groß wie...).

Satzbau

Im Deutschen besteht jeder Satz mindestens aus einem Subjekt und einem Prädikat. In Hauptsätzen steht das Subjekt an erster Stelle, das konjugierte Verben an zweiter Stelle und das Objekt, also eine Satzergänzung an dritter Stelle. Danach kann noch ein nicht konjugierter Verbteil kommen.

Subjekt & Prädikat

Innerhalb eines Satzes beschreibt der Begriff des Subjekts den Sachverhalt bzw. die Person, über die eine Aussage gemacht wird. Es handelt sich also um den Satzgegenstand, der in den meisten Fällen ein Nomen ist. Die Satzglieder hängen vom Prädikat ab. Es sagt aus, was mit dem Satzgegenstand passiert oder was er macht. Im Satz übernehmen daher Verben die Funktion des Prädikats.

4 Fälle

Im Deutschen gibt es 4 Fälle, die sich alle mit W-Fragen erfragen lassen. Das Subjekt eines Satzes steht immer im 1. Fall, dem Nominativ (Wer oder was?). Das Objekt eines Satzes kann im Genitiv, Dativ oder Akkusativ stehen. Der Genitiv ist der 2. Fall (Wessen?), der Dativ der 3. Fall (Wem?) und der Akkusativ der 4. Fall (Wen oder was?). Sprachwissenschaftler beobachten, dass der Genitiv tendenziell immer öfter durch den Dativ ersetzt wird. Anstatt z.B.

„Das Haus des Vaters" wird immer öfter „Dem Vater sein Haus" gesagt. Deswegen wird die Verwendung des Genitivs zunehmend mit einer gehobenen, gebildeteren Sprache verbunden.

Zeitformen

Während in vielen Sprachen allein durch das Verb ausgedrückt wird, von welcher Zeitebene im Satz die Rede ist, sieht das Ganze im Deutschen etwas komplizierter aus. Die Verben werden je nach Subjekt und nach Person unterschiedlich gebeugt, außerdem werden nicht alle Zeitformen gleich häufig verwendet. Die folgende Übersicht erklärt die sechs Zeitformen des Deutschen.

Präsens - „Ich schwimme."

Das Präsens drückt aus, was jetzt in diesem Moment geschieht.

Präteritum – „Ich schwamm."

Das Präteritum zeigt an, dass eine Handlung bzw. ein Zustand in der Vergangenheit stattgefunden hat. Es wird hauptsächlich in der Schriftsprache verwendet und seltener in der gesprochenen Sprache.

Perfekt – „Ich bin geschwommen."

Das Perfekt wird im mündlichen Bericht oft anstatt des Präteritums verwendet. Es beschreibt, dass eine Handlung in der Vergangenheit geschehen ist und auch in der Vergangenheit abgeschlossen wurde. Meist ist mit der Handlung eine Folge verbunden, etwa „Ich bin gestern geschwommen, bevor ich in die Sauna ging."

Plusquamperfekt – „Ich war geschwommen"

Das Plusquamperfekt, auch Vorvergangenheit genannt, beschreibt ebenfalls eine Handlung, die bereits stattgefunden hat. Es wird meistens benutzt, wenn eine vergangene Handlung vor einer anderen vergangenen Handlung beschrieben wird: „Ich ging gestern in die Sauna, davor war ich geschwommen."

Futur I: „Ich werde schwimmen"

Mit der ersten Zukunftsform wird etwas ausgedrückt, dass noch passieren wird. Es handelt sich dabei um eine Vermutung oder wie im Beispiel um eine Absicht.

Futur II. „Ich werde geschwommen haben."

Mit dem Futur II beschreibt man eine zukünftige Handlung, die bis zu einem noch späteren Zeitpunkt beendet sein wird: „Weil ich mich in der Sauna richtig entspannen möchte, werde ich davor schon geschwommen haben."

Anglizismen

Als Anglizismen werden Ausdrücke bezeichnet, die aus dem Englischen in den deutschen Wortschatz eingegliedert werden. An vielen von ihnen kommt man heute in jeder Konversation nicht mehr herum. Daher hier eine Auflistung von wichtigen Anglizismen für den täglichen Sprachgebrauch.

ASAP (as soon as possible)	So bald wie möglich. Wird beispielsweise verwendet, wenn um schnelle Rückmeldung gebeten wird
Attitude	Einstellung
Awareness	Bewusstsein
Back-up	Sicherungskopie
Blogger	jemand, der einen Blog betreibt
Brainwashing	Gehirnwäsche, psychische Manipulation
Briefing	kurze Einweisung
cheesy	kitschig, schmalzig
coping	etwas bewältigen, mit etwas klar kommen
Couldn't care less.	Ist mir völlig egal. Könnte mir nicht egaler sein.
Crash	Absturz, Kurseinbruch, Unfall
Deadline	Abgabetermin
Dresscode	Kleiderordnung / -vorschrift

Down to earth	bodenständig, bescheiden
Eyecatcher	Blickfang
Fake News	vorgetäuschte, manipulierte Nachrichten
Hang on.	Warte.
High-End	luxuriös, teuer, von hoher Qualität
How come?	Wie kommt das? Wieso?
Layout	Gestaltung einer Seite
leaken	Informationen ohne Befugnis veröffentlichen
Long time no see.	Lange nicht gesehen. Wird verwendet, wenn man jemand anderen nach längerer Zeit wieder sieht.
My bad	meine Schuld, verwendet als Entschuldigung
No-brainer	ein Klacks, nicht schwer
Pushen	etwas nach vorne bringen
Ranking	Rangliste
sketchy	unzuverlässig, potenziell gefährlich, von niedriger Qualität
Spoiler	eine Information, die den Genuss von etwas Bevorstehendem verdirbt
Workflow	Arbeitsablauf
Worst Case	der schlimmste Fall, der in Zukunft eintreten kann

Allgemeine Fremdwörter

Neben Ausdrücken aus dem Englischen gibt es noch etwa 60.000 Fremdwörter in unserer Sprache. Diese Wörter haben ihren Weg in unsere Alltagssprache gefunden, stehen aber auch in Zeitungen oder werden in Debatten benutzt. Es gibt einige unter ihnen, die du sicher schon ein paar Mal gehört hast, jedoch nie richtig zuordnen konntest. In dieser Liste sind einige der wichtigsten Fremdwörter samt ihrer Bedeutung festgehalten.

adäquat	geeignet, angemessen
affektiert	gekünsteltes, unnatürliches Verhalten
denunzieren	verraten, als negativ hinstellen
dito	ebenso, desgleichen (auf etwas vorher Genanntes bezogen)
echauffieren	sich aufregen
eloquent	sprach-/redegewandt
fakultativ	etwas ist nicht verbindlich, einer freien Wahl überlassen
filigran	feingliedrig, fein
frenetisch	leidenschaftlich, mit großer Begeisterung
infantil	kindisch, auf der Entwicklungsstufe eines Kindes stehen geblieben
jovial	wohlwollendes Verhalten, meist gegenüber niedriggestellten Personen
Kollaps	plötzlicher Schwächeanfall, in sich zusammen fallen
Konnotation	Bezug, Nebenbedeutung eines Ausdrucks
konfiszieren	beschlagnahmen, einziehen
lamentieren	ausgiebig klagen (negativ gewertet)

lapidar	kurz und knapp, ohne Ausschmückung aber treffend
obsolet	überholt, nicht mehr notwendig, veraltet
pedantisch	kleinlich, übertrieben genau
pittoresk	malerisch, wie gemalt
postfaktisch	gefühlsmäßig, unsachlich, auf Gefühlen und nicht auf Tatsachen beruhend
redundant	mehrfach vorhanden, überflüssig (z.B. in Bezug auf eine Rede)
reüssieren	mit etwas erfolgreich sein, anerkannt werden
Status quo	der gegenwärtige Zustand einer Sache
suggerieren	unterschwellig andeuten, einen bestimmten Eindruck entstehen lassen, der nicht auf Tatsachen beruht
sukzessiv	schrittweise, nach und nach
Tabula rasa	etwas, das durch nichts vorgeprägt ist, ursprünglicher Zustand von etwas
tendenziell	einer allgemeinen Richtung/Tendenz folgend (z.B. etwas nimmt tendenziell zu)
Trope	ein Ausdruck, der im übertragenen Sinne gebraucht wird, Verbildlichung
virtuos	meisterlich, im Besitz einer perfektionierten Fähigkeit
Zynisch	spöttisch, rücksichtslos missachtend

Bildungssprache, Fachsprache & Umgangssprache

Innerhalb des Deutschen wird zwischen unterschiedlichen Spracharten unterschieden. Bildungssprache, Fachsprache und Umgangssprache differenzieren sich voneinander durch die Situationen, in denen sie präferiert verwendet werden, und außerdem durch verschiedene Sprachkomplexität. Als

Umgangssprache bezeichnet man die Art von Sprache, die im täglichen Umgang miteinander verwendet wird. Diese Sprache ist in hohem Maß davon geprägt, aus welcher Region der Sprecher kommt und welchen Sprachdialekt er hat, wie sein soziologischer Hintergrund aussieht und welche gruppenspezifischen Gegebenheiten in der Sprechsituation vorhanden sind. Die Ausdrucksweise der Umgangssprache ist allgemein locker und nachlässig, korrekte Grammatik wird teilweise vernachlässigt und es wird Slang verwendet.

Im Gegensatz dazu zeichnet sich die Bildungssprache dadurch aus, zu einem Großteil der Schriftsprache zu entsprechen. Wer sich beim Sprechen an der Bildungssprache orientiert, nutzt komplexere Satzstrukturen und eine hohe Informationsdichte, die Sätze sind also relativ lang und verschachtelt. Auf Slang und Abkürzungen wird verzichtet, stattdessen werden Sachverhalte kompakt und korrekt dargelegt. Für den Erfolg in Schule, Studium und Beruf ist Bildungssprache wichtig, denn mit dieser drücken wir uns konkreter aus und werden schneller selbst als gebildet wahrgenommen.

Unter Fachsprache versteht man eine Sprache, die auf ein bestimmtes Fachgebiet ausgerichtet ist und demnach Ausdrücke verwendet, die für dieses Gebiet typisch sind. Wie die Bildungssprache geht auch sie über die normale Alltagssprache hinaus. Wer Fachausdrücke aus einem bestimmten Bereich verwendet, beispielsweise der Physik oder Linguistik, macht sofort klar, dass er eine gewisse Kompetenz hinsichtlich dieses Fachs besitzt. Ein Wort kann dabei in der Alltagssprache verwendet werden und im Kontext eines Fachbereichs eine andere oder erweiterte Bedeutung haben. Beispielsweise bedeutet das Wort "Semantik" in der Alltagssprache „Bedeutung oder Inhalt einer Aussage", in der Linguistik ist die Semantik ein ganzer Teilbereich, der sich den Bedeutungen von sprachlichen Zeichen und ihrer Zusammensetzung widmet.

Umgangssprache	Bildungssprache	Fachsprache
Bisschen wolkig heute.	Es wird im Laufe des Tages mit Bewölkung gerechnet.	Cumuluswolken entstehen durch Konvektion, während Stratuswolken durch Advektion entstehen.

Sprachen der Welt

Unsere Welt ist voll von unterschiedlichen, faszinierenden Sprachen, die uns die tägliche Kommunikation mit anderen ermöglichen. Der durchschnittliche Europäer spricht zwei Sprachen. Wie sieht es bei dir aus?

Englisch

Die meistgesprochene Sprache der Welt ist Englisch. Als Weltsprache wird sie in vielen Schulen als erste Fremdsprache gelehrt und fungiert in den meisten internationalen Organisationen als offizielle Sprache. Ohne Englischkenntnisse kommt man heutzutage in vielen Bereichen nicht mehr aus, für Studium und Arbeit ist es oft nötig, die Sprache zumindest lesen zu können.

Wieso ist gerade Englisch zur Weltsprache geworden und nicht etwa Spanisch oder Chinesisch? Der Grund liegt in der Ausdehnung des British Empire, dass als eines der ersten Reiche begann, Meere zu überqueren und fremde Länder einzunehmen. Dabei verbreiteten die Engländer ihre Sprache in der ganzen Welt. Zuträglich ist auch, dass die Grammatik des Englischen relativ simpel ist und schnell erlernt werden kann. Es gibt etwa 340 Millionen englische Muttersprachler und geschätzt ganze 1,75 Milliarden Sprecher weltweit.

Mandarin

Mandarin, auch Hochchinesisch genannt, ist ein Dialekt des Chinesischen und die Sprache mit den meisten Muttersprachlern weltweit. Das

Hochchinesische ist gleichzusetzen mit dem Hochdeutsch im Deutschen. Die Geschichte des Mandarin ist relativ kurz, da es sich quasi um eine erfundene Sprache handelt. Auf dem nördlichen Dialekt in China basierend wurde das Mandarin in den 1930er-Jahren von der „Volksrepublik Partei" in China eingeführt, als offizielle Nationalsprache. Weil die Partei später nach Taiwan zog, ist Mandarin dort ebenfalls Amtssprache. Besonders im internationalen Handel und der Geschäftswelt entwickelt sich Mandarin immer mehr zum Standard und gewinnt an Wichtigkeit.

Hindi

Hindi ist die offizielle Amtssprache Indiens und wird von knapp 400 Millionen Muttersprachlern verwendet, hinzukommen etwa 155 Millionen, für die dies die Zweitsprache ist. Zwar gibt es in Indien mehrere Hundert verschiedene Sprachen und davon 22 offizielle Amtssprachen, doch Hindi ist eindeutig die wichtigste. Nach der Befreiung der englischen Kolonialmacht in Indien wurde Hindi neben Englisch gleichberechtigt, nachdem die Regierung Grammatik und Orthografie standardisiert hatte.

Das Hindi stammt in großen Teilen von der altindischen Sprache Sanskrit ab, die für die Inder so wichtig ist wie für die Europäer das Latein. Über die Jahrtausende wurde das Indische von vielen anderen Sprachen wie Arabisch und Persisch geprägt, es ist entfernt auch mit europäischen Sprachen wie dem Deutschen verwandt. Tatsächlich gibt es auch im Deutschen Wörter, die ursprünglich aus dem Hindi stammen, wie beispielsweise Bungalow, Curry, Dschungel, Ingwer, Mango oder Pyjama.

Spanisch

Spanisch wird in sehr vielen Ländern gesprochen, darunter in Spanien, Mexiko, Peru, Argentinien und Kolumbien und hat etwa 450 Millionen Muttersprachler. Es ist nach Mandarin die am zweitweitesten verbreitete

Muttersprache und nach Englisch die am zweitweitesten verbreitete Sprache weltweit.

Die Verbreitung der spanischen Sprache hat ebenso wie das Englische viel mit dem Kolonialismus zu tun, weswegen sie auf dem amerikanischen Doppelkontinent die häufigste Muttersprache ist. Allein in den Vereinigten Staaten sprechen über 10 % der Bevölkerung Spanisch. Da die spanische Grammatik relativ simpel ist, ist Spanisch außerdem eine beliebte Zweitsprache und wird in Deutschland in vielen Schulen als Fach angeboten. Über 21 Millionen Menschen lernen Spanisch als Fremdsprache.

Französisch

In 39 Ländern ist Französisch die offizielle Landessprache, auf der Welt gibt es knapp 100 Millionen Muttersprachler. Das Französische hat ein sehr weites Verbreitungsgebiet, neben Frankreich, der Schweiz, Kanada, Luxemburg und Belgien wird es auch in Teilen der Karibik, Afrikas, Ozeaniens und auf Inseln im Indischen Ozean gesprochen. Vor allem nach dem 17. Jahrhundert wuchs die Sprecherzahl, denn Kolonialisten brachten die Sprache in viele Teile der Welt und innerhalb Europas wurde sie zur Sprache des Adels und der Gebildeten. Heute wird dem Französisch noch immer ein starker Wachstumskurs prognostiziert. Sprachforscher vermuten, dass im Jahr 2050 etwa 7 % der Weltbevölkerung, also über 600 Millionen Menschen Französisch sprechen werden, besonders weil afrikanische Gebiete hohes Bevölkerungswachstum aufweisen.

Was ist Gebärdensprache?

Im Gegensatz zu den bisher vorgestellten Sprachen ist die Gebärdensprache eine visuelle Form der Sprache, die auf der ganzen Welt genutzt wird. Gehörlose und gehörgeschädigte Personen nutzen die Gebärdensprache zur Kommunikation, doch auch immer mehr Hörende erlernen sie. Nicht alle

Gehörgeschädigten können Lippenlesen, denn das ist äußerst schwierig und vor allem anstrengend.

Neben der Gestik sind beim Gebärden die Mimik und das Mundbild wichtig, jede Gebärde steht für einen anderen Ausdruck und es gibt auch eine eigene Grammatik innerhalb der Sprache. Entgegen landläufiger Meinung ist Gebärdensprache nicht universell, es gibt also nicht nur eine Gebärdensprache, sondern jedes Land hat seine eigene. Dabei gibt es sogar regionale Unterschiede, also Dialekte innerhalb der Gebärdensprache. Seit 2002 ist die DGS, die Deutsche Gebärdensprache offiziell anerkannt. Mehrere Jahrhunderte lang wurde das Gebärden verboten, da man fälschlicherweise davon ausging, dass dies den Zugang zur hörenden Welt unmöglich machen würde. Menschen wurden sogar die Hände zusammengebunden, um sie vom Gebärden abzuhalten. Heute ist das zum Glück Geschichte. Gehörlosen Kindern wird von klein auf die Gebärdensprache beigebracht, es gibt immer mehr Dolmetscher und innerhalb der Community tauber Menschen gibt es einen starken Zusammenhalt. Es ist heute als Gehörloser möglich zu studieren, zu arbeiten oder an kulturellen Veranstaltungen wie dem Gebärdentheater teilzunehmen und mit der Welt der Hörenden zu interagieren.

Informationen über Sprachenlernen, Fremdsprachen und mehr findest du mit diesen Quellen:

Der kleine Duden: *Fremdwörter*

lingoda.com

mein-deutschbuch.de

deutschlernerblog.de

geo.de/geolino/Gebärdensprache

wortwuchs.de/Anglizismus

euliteracy.de/bildungssprache

TEIL 4: TECHNOLOGIE & FORTSCHRITT

Buchdruck

Der Erfinder des Buchdrucks, der revolutionären Drucktechnik, die ganz Europa im Sturm eroberte und das politische wie alltägliche Leben maßgeblich veränderte, war Johannes Gutenberg? Nicht ganz. Der echte Erfinder des Drucks mit beweglichen Lettern war der Chinese Bi Sheng. Schon um das Jahr 1040 fertigte er Zeichenstempel, mit denen Texte zusammengesetzt werden konnten. Allerdings setzte sich die chinesische Methode in Europa nie durch, was an der grundlegenden Verschiedenheit von chinesischen und europäischen Alphabeten lag.

Als europäische Handwerker im 14. Jahrhundert von der Holzschnittmethode der Chinesen erfuhren, begannen sie damit, sich ähnliche Verfahren auszudenken. 1450 ist es dann soweit: Johannes Gensfleisch aus Mainz, genannt Gutenberg, entwickelt aus Blei gegossene Lettern mithilfe eines Handgießgeräts sowie eine Druckerpresse, in die Drucktafeln eingespannt werden konnten. Vor dem Buchdruck wurden Bücher handschriftlich angefertigt, allen voran kunsthafte Bibeln, deren Produktion 20 Jahre dauern konnte. Mit Gutenbergs Erfindung beschleunigte sich dieser Prozess immens. Die ersten Produkte sind neben der Gutenberg-Bibel die Ablassbriefe der Kirche, die Gläubige in der Hoffnung kauften, von ihren Sünden befreit zu werden.

Tatsächlich läutet Gutenbergs Erfindung ein neues Zeitalter ein. Durch die hohe Zahl an Druck-Erzeugnissen lernen immer mehr Menschen lesen und schreiben, politische Revolutionen werden mit Pamphleten und Flyern gestartet und Wissen verbreitet sich rasend schnell. Darüber treibt die Medienrevolution die Renaissance voran und beeinflusste in hohem Maße die Reformation – Martin Luthers Vision, dass jeder Bauer das Wort Gottes verstehen können sollte, wurde durch den Buchdruck möglich.

Industrialisierung

Ein weiterer technologischer Fortschritt der Geschichte änderte das Leben aller Menschen drastisch: die Industrialisierung. Ohne sie wäre unser Leben wohl nicht so bequem wie heute, gleichzeitig gehen Klimaschäden und Ausbeutung auf ihr Konto.

Die Industrialisierung begann in England mit der Erfindung der Dampfmaschine, die Ende des 18. Jahrhunderts von James Watt erfunden und dann weiterentwickelt wurde. Immer mehr Maschinen nahmen den Menschen nun die Handarbeit ab und ermöglichten es, eine große Stückzahl an Erzeugnissen herzustellen. Güter wurden nicht mehr am Stück hergestellt, sondern in Einzelteilen, die teilweise an unterschiedlichen Orten produziert wurden. Vor allem die Textilproduktion, beschleunigt durch die Erfindung der "Spinning Jenny", der ersten Spinnmaschine, beherrschte den Markt und hatte hohe Absätze in der Bevölkerung. Das Land entwickelte schnell einen großen Binnenmarkt und ein geregeltes Steuersystem, durch das Bevölkerungswachstum mangelte es auch nicht an Arbeitskräften. Durch stetig erweiterte Eisenbahnnetze konnten die am Fließband produzierten Waren außerdem sehr schnell innerhalb des Landes transportiert werden, zusätzlich wurden Häfen ausgebaut, um den internationalen Handel voranzutreiben.

Auch in Deutschland hielt ab 1840 die Industrialisierung ein und bereitete damit den Weg in eine moderne Industriegesellschaft. Die Landwirtschaft wurde immer mehr in den Hintergrund gedrängt, während vor allem Gewerbe, Handel und Verkehr das wirtschaftliche Wachstum bedingten. Der gesellschaftliche Wandel besteht darin, dass durch den industriellen Kapitalismus innerhalb weniger Jahre eine feste Klassengesellschaft entsteht. Das Bürgertum spaltete sich zunehmend auf in mächtige Großindustrielle und das arme Proletariat, die Arbeiterklasse. Während die Städte immer weiter wuchsen, ihre Infrastruktur an Komplexität zunahm und die Modernisierung in fast allen Lebensbereichen Einzug hielt, verließen gleichzeitig Tausende die Agrarwirtschaft und wurden zu Rädern im großen Werk der Industrie.

In der Zeit der Hochindustrialisierung nach 1870 werden insbesondere Gebiete um Berlin und das Ruhrgebiet ökonomisch wichtig und helfen dabei, Deutschland zum Vorreiter der industriellen Revolution in Europa zu machen. Als zentral erwiesen sich die Eisen-, Stahl und Textilproduktion sowie die Chemie- und Elektroindustrie. Zwar machte die Landwirtschaft ebenfalls eine Industrialisierung durch, weil auf den Feldern nun moderne Maschinen und Düngemittel eingesetzt wurden, doch kam sie gegen den wirtschaftlichen Aufschwung der anderen Sektoren nicht an.

Traditionelle Familienbetriebe wurden von Fabriken und Konzernen abgelöst und große Industrielle gewannen an Einfluss in der Politik. Die Gesellschaft Deutschlands war Ende des 19. Jahrhunderts zudem so "jugendlich" wie nie zuvor, denn die Kindersterberate innerhalb der Arbeiterklasse sank und in den Großstädten tummelten sich viele Kinder und Jugendliche. Schon im Alter von 14 Jahren begannen diese, in den Fabriken zu arbeiten und Geld für die Familie zu verdienen, was im Laufe des frühen 20. Jahrhunderts aber seltener wurde.

Seit diesen Entwicklungen ist Deutschland zu einer der größten Industrienation geworden, die sich durch qualitativ hochwertige Erzeugnisse und wirtschaftliche Innovationen in der ganzen Welt einen guten Ruf gemacht hat. Trotzdem wird immer wieder Kritik an der modernen Industriegesellschaft und den Folgen der Industrialisierung geäußert. Kraftwerke und Industrieanlagen stoßen viel schädliches Kohlendioxid aus und tragen maßgeblich zur Erderwärmung bei, bei der Verbrennung von Erdöl, Kohle und Erdgas entstehen zusätzlich gefährliche Stickoxide. Luftschadstoffe wie Feinstaub und Ammoniak oder giftiger Industrieabfall belastet die Umwelt ebenfalls stark. In vielen Ländern werden außerdem billige Arbeitskräfte ausgebeutet und müssen unter katastrophalen Bedingungen arbeiten.

Energiewende
Heute wird immer mehr auf erneuerbare, nachhaltige Energiegewinnung gesetzt anstatt auf schädliche fossile Energiequellen oder Kernenergie – auch,

weil es seit der Industrialisierung immer wärmer wird. Erneuerbare Energien sind solche, die regenerativen Quellen entspringen und eine dauerhafte Versorgung mit Strom und Wärme garantieren können. Die Politik setzt sich seit den 1980ern verstärkt dafür ein, den Anteil von Energieträgern wie Kohle, Erdgas, Erdöl und Atomenergie zu verringern.

Umweltschützer kritisieren die politischen Maßnahmen jedoch seit Jahren, da die Klimaziele der Bundesrepublik gar nicht oder nur langsam durchgesetzt werden. Eine große Rolle spielt die Wirtschaft, die sich den Forderungen nach Klimaneutralität und vollständiger Energiewende immer wieder in den Weg stellt. Um den Planeten nicht noch weiter auszulasten, ist es nötig, dass wirklich alle an einem Strang ziehen. Im Zuge der Energiewende soll Energie effizienter gewonnen, genutzt und transportiert werden, der Energieverbrauch soll allgemein gesenkt und erneuerbare Energien gefordert werden.

Klimaschutz

Besonders seit den 2010er-Jahren steigt das gesellschaftliche Interesse für Klimaschutz. Die Warnungen von Wissenschaftlern und Experten werden wahrgenommen und ein Umdenken findet in den Köpfen vieler Menschen statt. Denn vor allem seit der Industrialisierung steigt die durchschnittliche Erdtemperatur kontinuierlich, was sich jetzt schon im extremen Wetter und dem Artensterben zeigt.

Ein großes Problem sind die Treibhausgase, also Gase, die wie das Glas in einem Gewächshaus wirken: Sie lassen die Wärme der Sonne herein, behindern jedoch deren Abstrahlung zurück in den Weltraum. Die meisten dieser Gase gehören zur Erdatmosphäre, durch menschlichen Einfluss erhöht sich ihre Konzentration aber drastisch. Die gefährlichsten Konzentrationen sind jene von Kohlendioxid, Methan und Distickstoffoxid. Besonders CO2, also Kohlendioxid, ist Experten zufolge zu über 60 % an der Klimaerwärmung schuld. Die Konzentration des Gases ist heute knapp 40 % höher als vor der Industrialisierung.

Dazu kommt, dass die Wälder der Erde gerodet werden, wodurch der in den Bäumen gespeicherte Kohlenstoff freigesetzt wird. Schädlich ist auch der Ausbau der Viehzucht, da Nutztiere wie Rinder und Schafe beim Verdauen große Mengen an Methan produzieren.

Die Folgen sind verheerend. Die Sommer in Deutschland werden immer heißer, weltweit ist der Meeresspiegel seit 1850 um knapp 19 cm gestiegen. Das Ökosystem leidet überall auf der Welt unter den Folgen des Klimawandels, Korallenriffe sind gefährdet und auch für uns Menschen wird es immer ungemütlicher. Experten gehen davon aus, dass es zukünftig erste Klimaflüchtlinge geben wird, die aufgrund von Extremwetter oder Wasserknappheit in den Norden ziehen.

Um diese düstere Zukunft dieser und den nächsten Generationen zu ersparen, wird auf europäischer Ebene auf verbindliche Klima- und Energieziele festgelegt. Die Erderwärmung muss unter 2 Grad Celsius gehalten werden, um katastrophale Veränderungen zu verhindern. Gleichzeitig bemühen sich viele Bürger darum, durch kleine alltägliche Änderungen wie das Nutzen öffentlicher Verkehrsmittel oder vermehrt vegetarischer/veganer Ernährung die Klimabelastung zu vermindern. Proteste wie die der "Fridays for Future"-Bewegung, von der jungen Aktivistin Greta Thunberg ins Leben gerufen, zeigen, dass sich vor allem jüngere Generationen der drohenden Klimakatastrophen bewusst sind.

Kohleausstieg

Der umweltschädliche Abbau von Braunkohle ist immer wieder im Gespräch, wenn es um Klimaschutz geht. Dieser zerstört die Landschaft, verursacht giftige Emissionen und vertreibt Menschen aus ihrer Heimat. Am schädlichsten sind die sehr hohen CO_2-Emissionen des Brennstoffs, die zur Erderwärmung beitragen, zusätzlich werden Flüsse stark verschmutzt. Knapp 40 % des deutschen Stroms werden durch Braun- und Steinkohlekraftwerke produziert.

Zudem werden oft ganze Regionen und Dörfer umgesiedelt, um besser Kohle abbauen zu können.

Der Kohleausstieg ist also dringend nötig, geht aber für viele noch viel zu langsam voran. Auflagen für die Kohlekraftwerke, die bestimmen, dass Schadstoffe zumindest besser aus den Abgasen der Werke gefiltert werden sollen, werden nicht immer korrekt eingehalten. Verschmutze Luft, zerstörte Landschaften, Treibhausgase – die Energiegewinnung durch Kohle sollte für viele seit Jahren der Vergangenheit angehören.

Atomausstieg

Schon in den 1970ern wurde gegen Atomkraftwerke protestiert, doch erst im Juni 2011, einige Monate nach der verheerenden Nuklearkatastrophe von Fukushima, beschloss die Bundesregierung den stufenweisen Atomausstieg. Ein kompletter Ausstieg ist für das Jahr 2022 geplant. In Italien wurden bereits im Jahr 1987 alle Atomkraftwerke abgeschaltet, während Frankreich noch immer knapp 75 % seines Stromes aus Kernenergie gewinnt. Zwar gibt es hohe Sicherheitsstandards für Atomanlagen, doch Tests zeigen, dass vor allem alte Anlagen Mängel aufweisen und selbst Nachrüstungsprogramme nicht immer Wirkung zeigen.

Gegner der Atomkraft betonen immer wieder, dass die Nutzung einer so gefährlichen Energiequelle nicht nur umweltschädlich, sondern schlussendlich das Risiko weiterer Katastrophen ähnlich wie Fukushima oder Tschernobyl nicht wert ist. Die Kosten für den Rückbau und die Entsorgung der radioaktiven Abfälle müssen die Kraftwerksbetreiber selbst übernehmen, allerdings beteiligt sich mittlerweile auch der Bund an der Verantwortung für die Zwischen- und Endlagerung von Tausenden Tonnen Atommüll, der jährlich anfällt.

Endlager für diesen Müll gibt es noch nicht, die Suche nach einem Ort, an dem die hochgefährlichen Abfälle für unabsehbare Zeit sicher gelagert werden können, gestaltet sich seit Jahren schwierig. Zu den größten

Bedenken gehört, dass Grundwasser vergiftet werden könnte. Der Atomausstieg wird höchstwahrscheinlich noch mehrere folgende Generationen betreffen.

Erneuerbare Energien

Erneuerbare Energien sind die Zukunft, darin sind sich so gut wie alle Experten einig. Erneuerbare Energieträger können von Menschen quasi unerschöpflich genutzt werden oder sich so schnell erneuern, dass bei wiederholter Nutzung kein Schaden entsteht. Damit sind sie der Grundbaustein nachhaltiger Energiepolitik und der Energiewende. Verschiedene erneuerbare Energien beziehen ihre Energie auf unterschiedliche Weise: durch die Kraft der Sonne, die kinetische Energie der Erddrehung oder der Wärme aus dem Erdinneren.

Solarenergie

Solarenergie bzw. Sonnenenergie nutzt die Energie der Sonne, deren elektromagnetische Strahlung auf die Erdoberfläche trifft und dort technisch genutzt werden kann. Die Sonne stellt eine schier endlose Energiequelle dar, da sie beinahe konstant Strahlungsenergie abgibt und es kaum zu Schwankungen kommt. Die Energie kann direkt in Strom oder Wärme umgewandelt werden und wird durch Solarzellen in Photovoltaikanlagen, Sonnenkollektoren oder solarthermischen Kraftwerken aufgefangen.

Als Vorreiter der Solarenergie gelten Solarzellen, welche die Sonnenstrahlen direkt in Gleichstrom verwandeln, der sofort zum Betrieb elektrischer Geräte oder in Batterien gespeichert werden kann. Eine Herausforderung ist das Speichern der Sonnenenergie, wenn die Sonne einmal nicht scheint. Techniken in dieser Richtung entwickeln sich aber seit Jahren mit großem Potenzial.

Wasserkraft

Auch die Wasserkraft ist eine nicht ausschöpfbare, regenerative und zukunftsweisende Energiequelle. Schon vor dem Industriezeitalter wurde sie als Antrieb für Säge- und Mühlwerke genutzt, deren Funktionsprinzip heute noch verwendet wird. Die kinetische Energie einer Wasserströmung wird über ein Turbinenrad in mechanische Rotationsenergie umgewandelt, die wiederum Maschinen oder Generatoren antreiben kann.

In Deutschland wird mit der Wasserkraft hauptsächlich Strom erzeugt, besonders die südlichen Gebiete des Landes begünstigen diese Form der Energiegewinnung durch Gefälle im Voralpenraum. Während Laufwasserwerke die Strömung eines Flusses bzw. eines Kanals nutzen, beziehen Speicherkraftwerke die Energie aus hohen Gefällen und der Speicherkapazität von Talsperren und Bergseen, wobei sich bei Talsperren-Kraftwerken am Fuß einer Staumauer die Turbinen befinden. Ausbaupotenzial gibt es bei Kleinwasserkraftwerken, die wie Laufwasserkraftwerke funktionieren, standortbedingt aber meist eine geringere Leistung aufweisen.

Windenergie

Seit Jahren wird mithilfe von Windenergieanlagen versucht, das enorme Potenzial von unterschiedlichen Luftdruckverhältnissen an der Erdoberfläche zu nutzen. Bei modernen Anlagen wird dabei nicht auf das Widerstands-, sondern auf das Auftriebsprinzip gesetzt. Dabei sorgt der Wind bei den Flügeln von Windrädern für Auftrieb, der sie in Rotation versetzt und somit Energie erzeugt. Vermehrt wird auch auf sogenannte Offshore-Windenergie gesetzt, also Windparks, die weit draußen im Meer stehen. Eine Herausforderung sind dabei der Umweltschutz und die Erhaltung des Landschaftsbilds an den Küsten der Nord- und Ostsee, zwei Punkte, die von Gegnern der Windparks angeführt werden.

Trotzdem gilt die Nutzung der Windenergie auf See als zukunftsträchtige erneuerbare Energiequelle, 2020 waren über 1.5000 Offshore Windenergieanlagen zur Stromerzeugung in Betrieb.

Digitale Revolution

Der kometenhafte Aufstieg der Digitaltechnik und Computer im 20. Jahrhundert löste eine digitale Revolution aus, die uns heute in fast allen Lebensbereichen beeinflusst. Wie bei der industriellen Revolution verändert sich durch digitale Möglichkeiten die Arbeits- und Wirtschaftswelt, die Öffentlichkeit, gesellschaftliche Strukturen und das Privatleben, und das in einer rasenden Geschwindigkeit. Daher wird die digitale Revolution auch oft als dritte große Umwälzung der Menschheitsgeschichte nach der neolithischen und der industriellen Revolution bezeichnet.

Internet

Besonders in der westlichen Welt ist ein Leben ohne Internet kaum noch vorstellbar. Es beeinflusst unser Kommunikationsverhalten und unsere Sprachkultur, bietet neue Arbeitsplätze, aber auch potenzielle Gefahrenorte. Während das Internet in seiner Anfangszeit, also Mitte und Ende des 20. Jahrhunderts, noch etwas für Nerds oder Universitätspersonal war, benutzt es heute so gut wie jeder.

Ein paar Fakten, die das Ausmaß der Verbreitung und den Einfluss auf den Alltag durch das Internet verdeutlichen: Über 60 Millionen Menschen über 14 Jahren haben in Deutschland Zugang zum Internet, durchschnittlich verbringt jeder von diesen 165 Minuten pro Tag online. Das liegt vor allem am Angebot von Multifunktion – mit anderen in Kontakt treten oder bleiben, das Wetter checken, Zugtickets kaufen, Filme sehen, eine Sprache lernen, all dies und mehr ermöglicht das Internet. Besonders junge Generationen sind mittlerweile auf Social-Media-Plattformen wie Instagram, Facebook und YouTube scheinbar angewiesen.

Während diese Entwicklung bei manchen die Angst erweckt, der zwischenmenschliche Kontakt würde zunehmend ins Internet verlegt, argumentieren andere, dass die weltweite Vernetzung des Internets viele Möglichkeiten dazu bietet, neue Menschen und Kulturen kennenzulernen.

Software & Hardware

Ein Unterschied, der vielleicht nicht jedem bekannt ist: Mit dem Wort "Software" bezeichnet man digitale Bestandteile, die nicht-physisch sind. Sie sind für den Systembetrieb und die Informationsverarbeitung innerhalb eines Computers zuständig und werden installiert bzw. deinstalliert, sind also leicht veränderbar. Mittlerweile werden sogar Haushaltsgeräte wie Kühlschränke oder Waschmaschinen mit Softwares betrieben. Hardwares können im Gegensatz zu Softwares angefasst werden, sind also die physischen Bestandteile eines Computers. Dazu zählen z.B. Festplatten, Eingabegeräte wie Maus und Tastatur, Arbeitsspeicher oder Bildschirme. Hard- und Software spielen immer zusammen, das eine kann nicht ohne das andere funktionieren.

Silicon Valley

Silicon Valley, eine Region nahe San Francisco im nördlichen Kalifornien, gilt als der bedeutendste Tech-Standort der Welt. Wichtige Firmenzentralen wie die von Google, eBay, Adobe oder PayPal haben hier ihren Standort. Das Wort "Silicon", zu Deutsch Silizium, bezieht sich auf die hohe Anzahl solcher Firmen und anderer Industriebetriebe, die dort Computer herstellen. Silizium ist ein chemisches Element, das für die Herstellung von Computerbausteinen essenziell ist. Schon seit den 1950ern, in denen das Forschungs- und Industriegebietes Stanford Industrial Park erbaut wurde, entwickelt sich die Region zum Mekka der IT- und Hightech-Industrie. Mittlerweile bezeichnet man mit Silicon Valley auch oft die Elektronik- und Computerindustrie allgemein.

Kryptowährung

Die Digitalisierung macht auch vor Wirtschaft und Währung keinen Halt. Die Kryptowährung ist eine Alternative zur traditionellen Währung, die den bargeldlosen Zahlungsverkehr im Internet ermöglicht. Das System, das hinter diesem Verkehr steht, nennt sich Blockchain. In den letzten Jahren machte vor allem der Bitcoin Schlagzeilen, daneben gibt es noch eine ganze Reihe weiterer Währungen wie Ether, Tether, Ripple oder Polkadot. Weil Kryptowährung stark von Angebot und Nachfrage abhängig ist, kommt es oft zu Kursschwankungen. Das Investieren in sie gilt daher als besonders riskant, kann aber mit Geschick und etwas Glück auch zu großen Gewinnen führen.

Virtual Reality

Durch Virtual Reality (VR) können ganze digitale Welten zum Leben erweckt werden. Mit spezieller Hard- und Software wird dabei eine künstliche Wirklichkeit gebildet, die vom simulierten Flug bis zu einer bunten Fantasiewelt reichen kann. Wer die Technik noch nicht selbst erlebt hat, kann sich das Gefühl der VR nur schwer vorstellen. Unser Gehirn wird beim Eintauchen in die virtuelle Welt verwirrt – obwohl wir wissen, dass die Gegenstände, die wir sehen, nicht wirklich vor uns stehen, sehen wir sie wie reale Objekte und wollen automatisch auch wie in der realen Welt mit ihnen agieren.

Die VR-Brille, die man dafür aufziehen muss, erzeugt mit hochauflösenden Displays und einer gekoppelten Sensorik zur Erfassung von Lage und Position des Kopfes eine nahezu perfekte Illusion. Controller ermöglichen es dann, sich per Knopfdruck in der Welt zu bewegen und zu handeln, wenn auch nur eingeschränkt. Experten der Technikbranche sind sich sicher, dass die VR-Technik in den nächsten Jahren unseren Medienkonsum verändern wird. Kein Wunder, wenn es nur eine kleine Investition braucht, um im heimischen Wohnzimmer den Mount Everest zu besteigen oder virtuell in die Steinzeit zu reisen.

Datensicherheit

Da es heutzutage so leicht ist, große Mengen an Daten weltweit hin- und herzuschicken und die Versuchung, sein ganzes Leben online zu stellen, so groß ist, steigt die Angst um die Sicherheit der Daten eines jeden. Für die Datensicherheit gibt es eine Vielzahl technischer Maßnahmen, die jegliche Arten von Daten schützen. Ein wichtiges Leitmotiv ist dabei Vertraulichkeit, der Zugriff der Daten darf also nur von dazu befugten Personen vorgenommen werden. Es wird außerdem Wert auf Integrität gelegt, d.h. Daten sollen nicht manipuliert werden. Und auch die Verfügbarkeit ist ein wichtiger Aspekt. Das bedeutet, dass vorhandene Daten trotz Schutz verwendet werden können, wenn sie gebraucht werden.

Cyberkriminalität

Vor allem die Cyberkriminalität verdeutlicht, wie wichtig und erforderlich Datensicherheit ist. Unter Cyberkriminalität versteht man Straftaten, die elektronische Infrastrukturen und/oder Techniken des Internets involvieren. Dabei handelt es sich um ein weltweites Phänomen, das prinzipiell überall stattfinden kann, wo Smartphones, Computer und andere IT-Geräte genutzt werden. Weitere Begriffe, die im Zusammenhang mit Cyberkriminalität verwendet werden, sind Cyberspionage und Cyberterrorismus.

Abgesehen davon, dass sich die Täter überall auf der Welt verstecken können, ist eine weitere Problematik, dass sie ihre Spuren relativ leicht verschleiern können und immer professioneller werden. Es werden Kontodaten und Passwörter gestohlen, Angriffe auf Wirtschaftsunternehmen oder Infrastruktureinrichtungen verübt, digital erpresst, Glücksspiele illegal veranstaltet, gefährliche Substanzen verkauft, kinderpornographische Inhalte geteilt oder beim sogenannten Cyber-Grooming Kinder über das Internet sexuell belästigt. Die Liste der potenziellen Straftaten (und -täter) ist lang. Zuständig für solche Aktivitäten ist in Deutschland das Bundeskriminalamt, oft wird international durch das European Cybercrime Centre oder Interpol gefahndet.

Algorithmen

Das Wort Algorithmus wird im Kontext der Datensicherheit immer wieder genannt. Ein Algorithmus ist grundsätzlich immer eine Vorgehensweise, die zur Lösung eines Problems führen soll. Der Lösungsplan wird dann in Einzelschritten abgearbeitet und in Ausgabedaten umgewandelt. Ein einfaches Beispiel: Soll der Body-Mass-Index (BMI) einer Person berechnet werden, werden die Angaben der Person, also Gewicht und Körpergröße, in eine Formel gepackt, die dann wiederum als Ausgabe den berechneten BMI angibt. Algorithmen werden in der modernen Gesellschaft vielfältig eingesetzt, durch sie finden wir passende Partner beim Online-Dating, sie stehen uns bei Online-Schachspielen als virtueller Gegner gegenüber oder zeigen uns per Navi den kürzesten Weg zu unserem Ziel.

Kritisiert wird, dass Algorithmen auch unser Verhalten analysieren und uns sogar beeinflussen können. Zwar entscheiden wir selbst, ob wir beispielsweise auf einer Social-Media-Plattform auf eine Werbeanzeige klicken, doch das uns genau diese angezeigt wird, ist auf den Algorithmus der Seite zurückzuführen. Dieser hat zuvor die Wahrscheinlichkeit berechnet, dass wir die Anzeige sehen möchten. So wird unterbewusst unser Verhalten gesteuert.

In vielerlei Hinsicht sind Algorithmen daher – wie das meiste Digitale – Segen und Fluch zugleich.

Künstliche Intelligenz

Parallel zur Digitalisierung entwickelt sich auch die Forschung an künstlicher Intelligenz (kurz KI) in verschiedenen Bereichen. Experten sind sich sicher, dass sich diese in den nächsten Jahrzehnten immer mehr verbreiten und ausbilden wird. Während manche behaupten, KI könnte in ferner oder naher Zukunft gefährlich werden und sogar die Menschheit bedrohen, fürchten sich andere weniger vor einer Sci-Fi-artigen Übernahme durch Roboter, sondern sehen in künstlicher Intelligenz einen wichtigen und unvermeidbaren technischen Fortschritt mit viel Potenzial.

Starke und schwache KI

Grundsätzlich wird zwischen starker und schwacher KI unterschieden. Die schwache KI beinhaltet Systeme, die sich auf konkrete Anwendungsprobleme konzentriert und deren Problemlösung auf Basis von mathematischen Methoden oder jenen der Informatik aufbaut. Nachdem das System speziell für eine Anforderung entwickelt und optimiert wurde, kann es sich selbst optimieren. Allerdings erlangen die Systeme kein tiefergreifendes Verständnis für die Problemlösung, sondern bleiben bei den ihr bekannten Herangehensweisen. Die regelbasierte Vorgehensweise verhindert, dass schwache KI an das Niveau des menschlichen Gehirns herankommt. Sie wird daher hauptsächlich im alltäglichen Leben eingesetzt. Systeme wie Sprach- und Bilderkennung, automatisierte Übersetzung, Navigationssysteme, Autokorrektur, individuelles Schalten von Werbung oder Korrekturvorschläge bei Suchvorgängen sind Beispiele für schwache künstliche Intelligenz, die wir jeden Tag nutzen. Große Softwarehersteller wie Apple, IBM oder Google entwickeln diese immer weiter, um z.B. Abläufe im Kundensupport oder der Buchhaltung zu vereinfachen. Auch Spracherkennung und -übersetzung in Echtzeit wird in den nächsten Jahren höchstwahrscheinlich zum Standard werden. Die schwache KI wird also vom Menschen für den Menschen entwickelt und ist auf bestimmte Bereiche spezialisiert.

Die starke KI hingegen kommt der menschlichen Intelligenz gleich oder übersteigt diese sogar. Sie handelt aus eigener Motivation heraus und kann gelerntes Regelwissen selbstständig erweitern. Bis heute ist es noch nicht gelungen, eine solche Intelligenz zu erschaffen, grundsätzlich gibt es eine Debatte darüber, ob dies überhaupt möglich ist. Eine Maschine, schlauer als ihr Erschaffer? Einigkeit herrscht allerdings darüber, welche Eigenschaften eine solche Superintelligenz haben müsste, um als solche durchzugehen: Entscheidungsfähigkeit, Planungs- und Lernfähigkeit, logisches Denkvermögen, Kommunikation in natürlicher Sprache sowie die Fähigkeit, all diese Fähigkeiten gemeinsam zu nutzen, um ein übergeordnetes Ziel zu erreichen. Ungeklärt bleibt, ob diese Macht der Superintelligenz auch zu einem Bewusstsein führt, wie wir es als Menschen haben.

Es wird seit Jahren darum gestritten, ob ein gewisser Grad an Intellektualität bei einer Maschine auch mit Selbsterkenntnis, Gedächtnis, Reife und Empathie zusammenhängen würde. Für die nächsten 20 bis 40 Jahre müssen wir uns aber wahrscheinlich noch keine Sorgen darüber machen, ob eine Maschine in der Realität skrupellos die Weltherrschaft an sich reißen wird.

Turing-Test

Mithilfe des Turing-Tests kann herausgefunden werden, ob ein intelligentes System mit dem Intellekt eines Menschen zu vergleichen ist. Er ist benannt nach Alan Turing, einem Wissenschaftler und mathematischem Genie, der unter anderem im Zweiten Weltkrieg Modelle entwickelte, die dabei halfen, Codes aus deutschen Funksprüchen zu entschlüsseln. Er war darüber hinaus maßgeblich an der Entwicklung der ersten Computer beteiligt. Den Turing-Test ersann er 1950 und noch heute wird dieser herangezogen, um neue KIs einzuschätzen.

Der Test an sich basiert auf Konversation, da Turing davon überzeugt war, dass der Denkvorgang einer Maschine an sich nur schwer formulierbar ist. Es geht vor allem darum, wie glaubhaft die Antwort der Maschine innerhalb eines Dialogs mit einem echten Menschen ist. Für den Test unterhalten sich also eine reale Person und ein KI-System per Tastatur und Bildschirm. Dabei versuchen sie den jeweils anderen davon zu überzeugen, eine echte Person und ein denkender Mensch zu sein. Eine dritte Person, welche die Konversation miterlebt, ohne von der wahren Identität der Gesprächspartner zu wissen, muss das Gespräch beurteilen. Kann sie am Ende nicht zweifelsfrei sagen, welche Konversation vom Menschen und welche von der Maschine ausgeht, ist der Test bestanden und die KI dem Menschen ebenbürtig.

Ganz kritikfrei ist der Test nicht, ein System könnte theoretisch auch einfach auf das Imitieren menschlichen Verhaltens spezialisiert sein, ohne auf anderen Gebieten eine hohe Intelligenz bzw. ein Bewusstsein zu besitzen. In weiteren Abwandlungen des Turing-Tests muss die KI beweisen, dass sie kreativ ist und ohne Programmierung originäre Leistungen erbringen kann (Lovelace-Test) oder die Theorie ihres Bewusstseins selbst argumentieren (Metzinger-Test).

Robotik

Die Robotik beschäftigt sich mit der Entwicklung von Robotern, genauer gesagt mit deren Gestaltung, Produktion und Steuerung. Während die Informatik Softwareroboter entwickelt, beschäftigt sich die Robotik eher mit solchen, die mit der physischen Welt interagieren können. Neben Industrie- und Servicerobotern, die vor allem Arbeitsschritte in der Produktion übernehmen oder einfach Dienstleistungen für Menschen verrichten, gibt es auch humanoide Roboter, für die Gliedmaßen und Haut, sprachliche Fähigkeiten sowie Mimik und Gestik entwickelt werden. Dafür treffen Gebiete des Maschinenbaus, der Elektrotechnik und Informatik und der KI zusammen.

Andere Roboter werden in der Wissenschaft (Experimentierroboter), im Gesundheitswesen (Pflege- und Therapieroboter) oder im Militärwesen (beispielsweise Kampfroboter, die Einsätze übernehmen, die für Menschen zu gefährlich sind) eingesetzt. In den letzten Jahren immer wieder im Gespräch sind vor allem Roboter im Verkehrswesen, also selbstfahrende Kraftfahrzeuge, die ohne einen menschlichen Fahrer unterwegs sind. Autonomes Fahren könnte schon in wenigen Jahrzehnten zum Standard werden, denn die selbstfahrenden Autos werden immer sicherer und viele Regierungen unterstützen diese Entwicklung. Das Potenzial der Technologie ist groß, denn Verkehr und Transport könnten um einiges flüssiger werden, ländliche Gebiete ließen sich besser erschließen und ältere oder körperlich eingeschränkte Menschen wären mobiler. Außerdem würden sich die Unfallzahlen höchstwahrscheinlich reduzieren, da in den meisten Fällen menschliches Versagen der Grund für einen Crash ist. Derzeit sind die Vorreiter auf dem Gebiet der autonomen Fahrzeuge Apple, Tesla, Toyota, General Motors und die Google-Tochter Waymo. Generell hält die Robotertechnik einiges für die Zukunft bereit und könnte unser Leben nachhaltig verändern, wie sich am Beispiel der selbstfahrenden Autos zeigt.

Kritik an der KI-Forschung

In Debatten um künstliche Intelligenz kommt man um Fragen nach Moral und Ethik meist nicht herum, denn besonders dieser Aspekt polarisiert. Datensicherheit und Kriminalität gehören zu den größten Streitpunkten. Dafür muss man sich keine zukünftigen Szenarien ausdenken; sogenannte Deep-Fake-Technologien erlauben es, Gesichter in Videos auf fremde Körper zu übertragen und die Mimik so genau zu gestalten, dass es zur Realität keinen Unterschied zu geben scheint. Diese und weitere Technologien wie KI-getriebene Drohnen, Fahrzeuge oder autonome Waffen könnten gehackt und gezielt missbraucht werden, um Schaden anzurichten und/ oder zu manipulieren. Zweifellos bieten künstliche Intelligenzen viele Chancen und sind es wert, weiterentwickelt und verbessert zu werden. Datensicherheit und Missbrauchsschutz sollten dabei jedoch nicht aus den Augen geraten. Es liegt an Gesellschaft und Politik, sich mit neuen Technologien auseinanderzusetzen und bestimmte Standards, Gesetze und Normen zu schaffen.

Technologie, Fortschritt und Umweltthemen interessieren dich besonders? Finde hier mehr über die Themen heraus:

Radkau, Joachim: *Technik in Deutschland. Vom 18. Jahrhundert bis heute*

Tegmark, Max: *Leben 3.0*

Hosp, Julian: *Blockchain 2.0*

bpb.de/klimawandel

bmi.bund.de/cyberkriminalität

jaai.de

zukunftsinstitut.de

t3n.de

erneuerbare-energien.de

ec.europa.eu/clima

TEIL 5: BERÜHMTE PERSÖNLICHKEITEN

Musik

Musik gehört zu den gesellschaftlich wichtigsten Kunstformen und ist überall um uns – in Werbespots, auf Konzerten, in unseren Kopfhörern. Mit Musik werden Gefühle und Erinnerungen verbunden, die sich oft schwer in Worte fassen lassen und daher lieber immer wieder von jemand anderem interpretiert gehört werden. Die folgenden Musikvirtuosen der Geschichte solltest du auf jeden Fall kennen.

Antonio Vivaldi

Vivaldi ist insbesondere für seine Meisterkomposition "Die Vier Jahreszeiten" bekannt, ein Zyklus von vier Konzerten, der die wechselnden Naturempfindungen musikalisch einfängt. Der wegen seiner feuerroten Haare oft als "Roter Priester" betitelte Komponist gehörte Anfang des 18. Jahrhunderts zu den meistgefragten Musikern des venezianischen Kulturlebens. Tatsächlich war Vivaldi für kurze Zeit Priester, bevor er sich endgültig der Musik widmete. Er gab Geigenunterricht in einem venezianischen Waisenhaus für Mädchen und schrieb viele seiner Stücke für die Kinder oder für die Kirche. Von seinen geschätzt hundert Opern sind heute weniger als die Hälfte erhalten. Der Komponist starb 1741.

Bob Dylan

Der US-amerikanische Singer-Songwriter Bob Dylan gilt mit Hits wie "Blowin' in the Wind" oder "Like a Rolling Stone" seit den 1960ern als Musiklegende. Sein präferiertes Genre ist ein Mix aus Folk, Country und Rock, er spielt neben der Gitarre auch Klavier, die Orgel und Mundharmonika. 2016 erhielt er für seine poetischen Schöpfungen als erster Musiker den Literaturnobelpreis, holte diesen aber erst ein halbes Jahr später ab, als er wegen einer Tour in der Nähe war.

Bob Marley

Bob Marley ist die Reggae-Legende schlechthin. Der jamaikanische Sänger und Gitarrist erlangte spätestens mit den Liedern "I Shot the Sheriff" und "No Woman, No Cry" weltweite Berühmtheit und wurde zu einer politischen und kulturellen Symbolfigur der farbigen Bevölkerung. Seine letzten Lebenswochen verbrachte Marley Anfang der 1980er Jahre am Tegernsee, er hatte zuvor eine Krebsdiagnose erhalten. Sein Tod tat seinem Ruf und Legendenstatus keinen Abbruch. Seine Familie betreibt heute unter dem Namen „Marley Natural" eine Cannabis-Sorte, was dem Verfechter natürlicher Heilkräfte sicher gefallen hätte.

Elvis Presley

Der König des Rock'n'Roll Elvis Presley brachte als einer der ersten die Rockabilly-Bewegung in den Mainstream, war jedoch auch in den Genres Country, Pop, Gospel und Blues vertreten. Mit über 500 Millionen verkauften Tonträgern ist er einer der beliebtesten Solokünstler des 20. Jahrhunderts, die Single „It's Now or Never" ist seine Meistverkaufte.

Als Schauspieler besetzte Elvis Rollen in 31 Filmen und eines seiner Livekonzerte auf Hawaii sahen mehr Menschen als die Mondlandung. In seiner späten Karriere war er oft auf Tournee und hatte zahlreiche Shows in Las Vegas. Im August 1977 starb er mit nur 42 Jahren auf seinem Anwesen Graceland in Tennessee an Herzproblemen und einer Medikamentenüberdosis. Tatsächlich gab es einen Versuch, seine Leiche kurz nach der Bestattung zu entwenden. Daraufhin wurde Elvis' Leichnam und der seiner Mutter nach Graceland gebracht. Heute lebt Elvis vor allem in seinen zahlreichen Imitatoren auf der ganzen Welt weiter.

Elton John

Mit Chartbreakern wie "Candle in the Wind", "Rockt Man" und "Can You Feel the Love Tonight" sang sich der Brite Elton John in die Herzen Tausender Fans. In Deutschland sind zu Anfang vor allem schnellere Lieder wie "Don't Go Breaking My Heart" populär. Als erster westlicher Künstler tritt Elton John Ende der 1970er in der Sowjetunion auf. Auch in den 1980ern geht seine Karriere steil bergauf, doch wegen jahrelangen Drogenkonsums muss sich der Künstler einige Jahre zurückziehen, bevor er 1992 sein Comeback feiert und für den Soundtrack von König der Löwen, genauer gesagt dem Song "Can You Feel the Love Tonight" den Oscar bekommt. 1998 wurde er von Königin Elisabeth II. für sein soziales Engagement zum Ritter geschlagen.

Falco

Der österreichische Musiker Falco, mit bürgerlichem Namen Johann Hölzel, erreichte mit seinem Lied „Rock Me Amadeus" Mitte der 80er-Jahre den internationalen Durchbruch und schaffte es als erster mit einem deutschsprachigen Lied an die Spitze der US-Billboard-Charts. In Deutschland entstand eine Kontroverse um seinen Song „Jeanny" von 1985, der Kritikern zufolge die Gewalttat an einer jungen Frau glorifiziert. Mehrere Sender in Deutschland boykottierten das Lied, trotzdem wurde es zum Hit. Im Alter von 40 Jahren starb Falco 1998 nach einem Autounfall, er hatte einen Alkoholwert von 1,5 % sowie Kokain und THC im Blut. Nach seinem Tod hielt sich das posthum veröffentlichte Album "Out of the Dark" in Deutschland knapp ein Jahr in den Top 100.

Frank Sinatra

Als gefühlvoller Schlagersäger und Ladykiller schlechthin ging Frank Sinatra, geboren 1915 in New Jersey mit Hits wie "My Way" oder "Strangers in the Night" in die Musikgeschichte ein. Er war der zentrale Sänger des "Rat Pack", einer Gruppe von Entertainern, aktiv in den 1950ern und 1960ern. Außerdem war er auch als Schauspieler bekannt. Zum Mythos seines Lebens trugen die immer wieder aufkommenden Gerüchte bei, er habe Verbindungen zur Mafia, was er jedoch stets abstritt. Trotzdem führte das FBI eine dicke Akte gegen ihn, da er sich seit Beginn seiner Karriere für Bürgerrechte stark machte und einige Agenten aufgrund seiner Anziehungskraft (besonders auf Frauen) misstrauisch wurden. Der Sänger ist außerdem bekannt für seine Liebe zum Bourbon-Whiskey Jack Daniels. Er bekam nach seinem Tod 1998 neben einer Packung Zigaretten eine Flasche des Getränks ins Grab gelegt.

Freddie Mercury

Freddie Mercury, mit bürgerlichem Namen Farrokh Bulsara, wurde Mitte der 1970er mit seiner Rockgruppe "Queen" zum Weltstar. Songs wie "Killer Queen", "Bohemian Rhapsody" oder "We Are the Champions" machten den bisexuellen Künstler zur Legende. Besonders seine bunten Kostüme, unverwechselbare Stimme und unterhaltenden Auftritte und Musikvideos machten Mercury zur sympathischen Figur. Hinter der Bühne stritt er sich oft mit diversen Liebhabern und hatte Probleme mit Drogen, was seiner Energie auf der Bühne jedoch nicht schadete. Mercury starb 1991 an einer Lungenentzündung, nach seinem Tod fand das "Freddie Mercury Tribute Concert for AIDS Awareness" statt. Der Sänger hatte jahrelang an der Immunkrankheit gelitten, zu seiner Homosexualität hatte er sich nie öffentlich bekannt.

Jimi Hendrix

Jimi Hendrix gilt als Gitarrengott und Hauptfigur des legendären Woodstock Festivals im Jahr 1969. Er spielte Gitarre mit den Zähnen, hinter dem Kopf und auf dem Rücken und wurde gefeiert für Lieder wie "Purple Haze" oder "Hey Joe". In seinen Auftritten schwang nicht nur sein Talent mit, sondern auch eine Friedenssehnsucht, die viele junge Amerikaner zu seiner Zeit verspürten. Mit gefühlvoller und gleichzeitig rabiater Musik wurde gegen den Vietnamkrieg und das Establishment protestiert.

Mit nur 27 Jahren starb Hendrix im Jahre 1970 in London und das nur zwei Wochen nach seinem letzten Auftritt, wodurch er nun zu den berühmtesten Mitgliedern des "Club 27" zählt. In diesem befinden sich eine Reihe legendärer Künstler wie Kurt Cobain, Amy Winehouse oder Brian Jones, die allesamt mit 27 Jahren verstarben.

Johann Sebastian Bach

Werke wie die "Matthäuspassion" oder das "Weihnachtsoratorium" machten den Komponisten, Orgel- und Klaviervirtuosen Johann Sebastian Bach zur Klassiklegende. Er wurde 1685 in Eisenach geboren und begann seine Karriere als Hofkapellmeister und Organist schon früh. Seine Werke sind geprägt von Strenge und Konzentriertheit, gleichzeitig sind sie eindringlich und emotional. Diese Mischung brachte Bach Ruhm ein, er beendete das Zeitalter des Barocks und prägte alle nachfolgenden Komponisten.

Über 2000 Stücke soll er komponiert haben, davon ist etwa die Hälfte erhalten. Auch seine Söhne wurden Musiker und erlebten noch nach dem Tod ihres Vaters 1750 seinen unsterblichen Ruhm, tatsächlich ist die Familie Bach eines der größten Musikergeschlechter weltweit. Fast das ganze 18. Jahrhundert beherrschten Mitglieder der Bach-Familie das musikalische und kulturelle Leben im Raum Erfurt.

John Lennon

Der Mitbegründer der Beatles wurde 1940 in Liverpool geboren und eroberte die Welt mitsamt seiner Band mit Hits wie "Yellow Submarine" oder "Let It Be" im Sturm. Doch auch als Solokünstler und Songwriter bewies er sich, beispielsweise wurde "Imagine" zum großen Erfolg. Innerhalb der Beatles gab es trotz Berühmtheit und Tausender schwärmender Fans immer wieder interne Streitigkeiten, Zweifel und Drogeneskapaden. Nach einem heftigen Streit 1969 verließ Lennon die Band und zog mit seiner Frau und Künstlerin

Yoko Ono nach New York, wo er sich immer mehr aus der Öffentlichkeit zurückzog.

Seine Ehefrau wurde von vielen Fans für die Trennung verantwortlich gemacht, obwohl dies von offizieller Seite immer dementiert wurde. Tragische Berühmtheit erlangte der Friedensaktivist Lennon auch durch seinen Tod 1980, als er in New York von einem Fanatiker mit vier Kugeln erschossen wurde.

Kurt Cobain

Das wohl berühmteste Mitglied des "Club 27" ist der US-amerikanische Rockmusiker Kurt Cobain, der als Frontmann der Band Nirvana vor allem in den 1990er-Jahren Erfolge feiert. Mit Liedern wie "Smells Like Teen Spirit" und "Come As You Are" prägt er das Genre des Grunge und wurde zur Ikone der Jugend. Zeit seines Lebens wehrte sich Cobain gegen den Hype um sich selbst, ihm zufolge war ihm die Musik das Wichtigste.

Rockige Töne und dunkle Texte prägten den charakteristischen Nirvana-Sound, der Musiksender MTV spielte vor allem das Musikvideo zu "Smells Like Teen Spirit" rauf und runter. Mit der Aufmerksamkeit des Mainstreams, den Cobain hasste, kam der Künstler nur schlecht klar. 1994 nahm er sich im Heroinrausch das Leben, was nur noch mehr zu seinem Legendenstatus beitrug.

Ludwig van Beethoven

Wohl jedem sind die Melodien von "Für Elise" sowie die "Mondscheinsonate" oder der Anfang der Fünften Sinfonie von Ludwig van Beethoven bekannt. Obwohl er bereits im Alter von 27 schwerhörig war, komponierte der 1770 geborene Beethoven viele der heute berühmtesten klassischen Stücke. Dies lässt sich vor allem auf seinen Perfektionismus zurückführen. Launisch und pingelig soll Beethoven gewesen sein, er zog in seinem Leben knapp 70 Mal um, weil er sich an Orten oft aufgrund von Kleinigkeiten nicht wohlfühlte.

Trotzdem war er in Sachen Musik ein wahres Genie, dass einen Hit nach dem anderen produzierte. Seine Schwerhörigkeit plagte ihn mit fortschreitendem Alter immer mehr, vor allem quälende Ohrgeräusche und Überempfindlichkeit bezüglich des Schalls belasteten ihn.

Hinzu kam, dass er sich immer mehr isolierte – er brachte es kaum über sich, den Menschen um ihn herum mitzuteilen, dass er als Komponist taub war. Seine Kunst rettet Beethoven vor dem Suizid, in ihr findet er Akzeptanz und Freude. In der heutigen Zeit hätte man seine Beschwerden wahrscheinlich nicht ganz heilen, jedoch lindern können.

Madonna

Hits wie "Like a Virgin", "Like a Prayer" oder "Material Girl" machten die junge Madonna in den 1980ern zum angesagten Weltstar, der nicht nur in jedem Radio zu hören war, sondern auch Trends setzte und sich für die Emanzipation der Frau einsetzte. Mit 19 Jahren kam sie nach New York und schlug sich eine Zeit lang als Tänzerin und Softporno-Darstellerin durch, bis schließlich der große Durchbruch kam. Während ihrer Karriere wurden ihr mehrere Preise verliehen, darunter sieben Grammys. Trotz dessen gilt sie heute als größte Pop-Ikone und ist mit einem geschätzten Vermögen von 380 Millionen Euro eine der reichsten Frauen der Welt.

Michael Jackson

Der "King of Pop" Michael Jackson wurde in den 1980ern vor allem durch Songs wie "Thriller", "Smooth Criminal" oder "Billie Jean" und seinem "Moonwalk" berühmt. Schon als Kind arbeitete er als Mitglied der Jackson Five mit seinen Brüdern im Showgeschäft, sein Vater war äußerst streng und drängte ihn förmlich zum Erfolg. Zum Ausgleich kaufte sich Jackson als Erwachsener die Ranch Neverland, ein riesiges Anwesen mit Freizeitpark-Charakter.

Nach dem großen Erfolg in den 80ern gab es immer mehr Kontroversen um seine Schönheitseingriffe, allen voran um seine immer weißer werdende Haut und die immer kleiner werdende Nase. Außerdem stand er aufgrund fragwürdiger Beziehungen zu Kindern immer wieder in den Schlagzeilen und wurde 2003 sogar angeklagt, 2005 aber freigesprochen. Er starb 2009 in Los Angeles an einer Überdosis Propofol, einem Narkosemittel, ohne das er seit Jahren kaum schlafen konnte.

Nina Simone

Als Nina Simone im Alter von vier Jahren begann, Klavier zu spielen, hätte noch niemand geahnt, dass sie einmal eine der größten Soul-Legenden werden würde. Ihre Karriere begann Anfang der 1960er und wurde geprägt von Hits wie „I Put a Spell on You", „Feelin' Good" und "My Baby Just Cares For Me". Fans nannten sie „Priesterin der Seele", ein liebevoller Spitzname für die Musikerin, die ihr Leben lang eigentlich die erste schwarze Frau sein wollte, die klassische Konzerte gibt. Die Ausnahmekünstlerin wurde zu einer Ikone des Civil Rights Movement und war eng befreundet mit anderen Aktivisten wie Lorraine Hansberry oder James Baldwin.

In den 1980ern verließ sie Amerika wegen des immer noch vorherrschenden Rassismus und lebt in Afrika, der Schweiz und Frankreich. Sie litt in dieser Zeit besonders unter einer bipolaren Störung. 1987 feierte sie dann ihr Comeback und erlangte noch einmal den Ruhm aus alten Tagen. Im April 2003 starb Nina Simone im Alter von 70 Jahren.

Richard Wagner

Der deutsche Komponist und Dramatiker Richard Wagner, geboren 1813 in Leipzig, beeinflusste die Musikgeschichte mit seinen Stücken enorm. Er sprach dem Text seiner Opern viel Bedeutung zu und ließ sogar ein eigenes Festspielhaus für seine anspruchsvollen Stücke errichten. Zu diesen gehören "Tristan und Isolde" und "Die Walküre".

Seine Mitmenschen beschrieben ihn als rastlos und rücksichtslos, er scherte sich oft mehr um seine Haustiere, einen Hund und einen Papagei. Wegen seinem offenen Antisemitismus und der Verehrung, die Hitler für ihn hegte, wird seine Musik oft in Verbindung mit etwas Bösen bzw. einer „dunklen Seite" gebracht. In vielen Filmen wird vor allem der Ritt der Walküre verwendet, um Böses anzukündigen, etwa im Vampirklassiker „Nosferatu" oder im Vietnam-Film „Apocalypse Now".

Tupac

Tupac Shakur war ein US-amerikanischer Westcoast-Rapper, der mit Songs wie "All Eyes on Me" oder "Dear Mama" Hip-Hop-Geschichte schrieb und noch heute verehrt wird. In seiner Karriere verkaufte er ca. 75 Millionen Tonträger, machte jedoch auch mit kriminellen Aktivitäten Schlagzeilen. Es scheint, als habe er zwei Seiten in sich vereint: Er war großer Fan von Shakespeare und belegte Kurse in Ballett, gleichzeitig umgab er sich mit Gangstern und war in Schießereien verwickelt.

Viele Promis wie Jim Carrey oder Madonna waren Fan von Tupac und mit ihm befreundet. Mit seinen Kollegen Puff Daddy und The Notorious B.I.G. verbrachte er täglich Stunden im Studio und produzierte Hits. Mit nur 25 Jahren wurde er 1996 niedergeschossen. Daraufhin gab es immer wieder Gerüchte, er sei nur untergetaucht und lebe noch. In gewisser Weise ist Tupac im Jahr 2012 tatsächlich auferstanden, als beim Musikfestival Coachella eine 2D-Projektion von ihm auf der Bühne stand.

Udo Jürgens

Den endgültigen Durchbruch erlangte Udo Jürgens mit dem Song "Merci, Chérie", der ihm den Sieg beim Grand Prix im Jahr 1966 einbrachte. Auch Hits wie "Griechischer Wein" oder die Titelmelodie des Zeichentrickfilms "Tom und Jerry" verhalfen dem österreichischen Musiker zu Berühmtheit.

Als Komponist schrieb er über 1000 Songs und veröffentlichte insgesamt 50 Alben. Auf der Bühne wurden Kamillentee und eine Zugabe im Bademantel zu seinem Markenzeichen, nachdem Fans nach einem seiner ersten großen Konzerte nicht gehen wollten und Jürgens, bereits aus dem Bühnenoutfit raus, noch einmal im Bademantel für sie sang. Er gilt bis heute als Schlager-Urgestein und räumte während seiner Karriere einen Preis nach dem anderen ab, darunter ein Echo und der Romy für sein Lebenswerk. Sein Musical "Ich war noch niemals in New York" hatte seine Weltpremiere 2007 in Hamburg und wurde zum Publikumsliebling. Udo Jürgens starb im Dezember 2014 in der Schweiz.

Wolfgang Amadeus Mozart

Der Salzburger Komponist Wolfgang Amadeus Mozart, Spitzname "Wolferl", gehört zu den bedeutendsten klassischen Musikern der Geschichte. Das Wunderkind der Klassik komponierte unter anderem eine der berühmtesten Opern der Welt, die "Zauberflöte", und etwa 1000 weitere Titel. Mit bereits 5 Jahren begann er zu komponieren, seine erste Sinfonie schrieb er mit 8 Jahren. Manche seiner ersten Zuhörer dachten aufgrund seiner Begabung auf der Bühne sogar, er wäre ein kleinwüchsiger Erwachsener. Schon früh spielte er an Königshöfen und nahm Auftrag nach Auftrag an. Mit 6 Jahren spielte er vor Kaiserin Maria Theresa und ihrer Tochter Marie Antoinette, der er prompt einen Antrag machte.

Als Erwachsener verliebte er sich in Constanze Weber und heiratete sie 1782. Trotz seines großen Erfolgs starb er 1791 im Alter von nur 35 Jahren verarmt und krank. Seine Todesursache war wahrscheinlich rheumatisches Fieber, das ihn schon länger gequält hatte.

Mit diesen Quellen lernst du noch mehr über die Pioniere der Musik:

Werner-Jensen, Arnold: *Das Buch der Musik*

rollingstone.de

dhm.de/biografie

popkultur.de/musik

geboren.am/musik

whoeswho.de

Politik

Sie werden oft parodiert, kritisiert und sehen sich fast konstant im Licht der Öffentlichkeit: Politiker. Und doch brauchen wir sie, um Ordnung und Sicherheit zu garantieren und uns auf starke Führungspersönlichkeiten verlassen zu können, jedenfalls in der Theorie. Es folgen die berühmtesten Persönlichkeiten der Politik.

Abraham Lincoln

Abraham Lincoln war von 1861 bis 1865 der 16. Präsident der Vereinigten Staaten und das als erster Republikaner. Er setzte sich während des Sezessionskriegs für die Union ein und gewann den Bürgerkrieg. Er gilt heute als amerikanischer Nationalheld, der die Nation einte und die Sklaverei abschaffte. Er wurde am 14. April 1865 bei einem Theaterbesuch von einem Südstaatenfanatiker angeschossen und starb am nächsten Tag. Er soll wenige Tage vor seinem Tod von einem Attentat auf sich selbst geträumt haben.

Angela Merkel

Die deutsche CDU-Politikerin Angela Merkel wurde 2005 die erste Bundeskanzlerin der Bundesrepublik Deutschland. Sie wuchs in der DDR auf, promovierte in Physik und engagierte sich schon früh politisch. Vor dem Antritt als Bundeskanzlerin war sie unter Helmut Kohl Familienministerin und

Umweltministerin, später CDU-Generalsekretärin, CDU-Vorsitzende und Oppositionsführerin. In ihrer Position galt und gilt sie als mächtigste Frau der Welt. Berühmt ist sie auch für die "Merkel-Raute", die Haltung ihrer Hände vor dem Bauch in einer Rautenform, mit der sie oft karikiert wird.

Barack Obama

Barack Obama ging als erster schwarzer Präsident der Vereinigten Staaten in die Geschichte ein. Von 2009 bis 2017 besetzte der 1961 in Hawaii geborene Demokrat als 44. Präsident das Amt und erhielt während seiner ersten Amtsperiode den Friedensnobelpreis. Er hatte während seiner Präsidentschaft vor allem mit der Finanz- und Wirtschaftskrise und dem Irankrieg zu kämpfen, wurde aber für seine Gesundheitsreform des „Patient Protection and Affordable Care Act", auch "Obamacare" genannt, gelobt. Seine joviale Art und Auftritte in den sozialen Medien machten ihn ebenfalls beliebt.

Bill Clinton

Von 1993 bis 2001 war Bill Clinton der 42. Präsident der Vereinigten Staaten. Der Demokrat förderte den Freihandel des Landes und wurde vor allem geschätzt, weil er den USA einen wirtschaftlichen Aufschwung bescherte. Heute erinnert man sich aber vor allem aufgrund seiner privaten Skandale an Clinton. Im Jahr 1998 wurde öffentlich, dass er mit der Praktikantin Monica Lewinsky eine sexuelle Affäre unterhalten und darüber gelogen haben soll. Die Berichterstattung über den Skandal führte schließlich zu einem Amtsenthebungsverfahren, das allerdings scheiterte.

Gerhard Schröder

Gerhard Schröder war von 1998 bis 2005 der siebte Bundeskanzler Deutschlands und der erste, der mit einer Mehrheit von SPD und Bündnis 90/Die Grünen regierte. Politisch bleibt er vor allem wegen der Agenda 2012 in Erinnerung, ein 2003 verkündetes Konzept für die Reform des deutschen

Sozialsystems und Arbeitsmarktes. Damit wollte Schröder die Arbeitslosigkeit bekämpfen und Sozialausgaben senken, wodurch es zu Kontroversen auch innerhalb der SPD kam. Seit Ende seiner politischen Karriere ist Schröder als Wirtschaftsanwalt und -lobbyist tätig, kritisiert wird er für seine Position als Aufsichtsratsvorsitzender der Nord Stream AG, welche die Ostsee-Pipeline zum Transport von Erdöl aus Russland betreibt.

Helmut Kohl

Der 1930 geborene Historiker und Ministerpräsident Helmut Kohl regierte Deutschland 16 Jahre lang als Bundeskanzler, so lange wie kein Kanzler vor ihm. Seine politische Karriere war von Hochs und Tiefs geprägt, er wurde von vielen für seine Volksnähe gelobt und galt als Einheitskanzler, der das getrennte Deutschland vereinte, gleichzeitig wurde er für eine Parteispendenaffäre von 1999 und aufgrund von Bestechungsvorwürfen kritisiert. Auch sein Privatleben sorgt für Schlagzeilen, besonders der Suizid seiner Frau Hannelore und Äußerungen seiner Söhne, die ihn öffentlich kritisierten.

John F. Kennedy

John Fitzgerald Kennedy, JFK genannt, gilt als beliebter Präsident der USA. Er wurde 1961 vereidigt und begeisterte die Bevölkerung durch seine Dynamik und seinen Idealismus. Er setzte sich für die Rechte der schwarzen Bevölkerung ein und setzte das Gesetz zur Aufhebung der Rassentrennung durch. Traurige Berühmtheit erlangte er durch seinen Tod am 22. November 1963, als er in Dallas vor laufenden Kameras erschossen wird. Um das Attentat ranken sich Verschwörungen, der Mord ist bis heute nicht komplett aufgeklärt. Sein Mörder soll den meisten Vermutungen nach Lee Harvey Oswald sein, der die Tat allerdings bestritt und während seiner Überführung ins Staatsgefängnis von Dallas selbst von einem Nachtclubbesitzer erschossen.

Konrad Adenauer

Von 1949 bis 1963 war der Politiker der Zentrums-Partei der erste Bundes-kanzler der neuen Bundesrepublik Deutschland. Der Jurist war zuvor 16 Jahre lang Oberbürgermeister Kölns gewesen, wurde während des Nationalsozialismus jedoch seiner Ämter enthoben und zeitweise sogar verhaftet. Lange Jahre führt er das zerstörte Deutschland zurück zu Wohlstand, fördert die soziale Marktwirtschaft und die Integration in die Europäische Gemeinschaft und macht die Bundesrepublik souverän. Anfang der 1960er verliert er vor allem aufgrund des Mauerbaus Unterstützer und auch die absolute Mehrheit. 1962 verkündet er dann kurz nach der Spiegel-Affäre – einer Fehde zwischen dem Verteidigungsminister Franz Josef Strauß und dem Herausgeber des Spiegels, Rudolf Augstein, die schließlich zur Regierungskrise führte – seinen Rücktritt.

Bei Untersuchungen hatte sich herausgestellt, dass Strauß und Adenauer ohne Zustimmung des Justizministeriums mehrere Redakteure wegen Landesverrats hatten festnehmen lassen.

Ludwig Erhard

Adenauers Nachfolger Ludwig Erhard regierte die Bundesrepublik von 1963 bis 1966. Er gilt heute als der Schöpfer des deutschen Wirtschaftswunders, denn er setzte sich entscheidend für den Durchbruch der sozialen Marktwirtschaft in der Bundesrepublik ein. In seinem Buch „Wohlstand für Alle" beschrieb er, wie genau er breite gesellschaftliche Schichten zu Wohlstand führen wollte und wie die freie Wirtschaft aussehen sollte. Seine Idee der wirtschaftlichen Freiheit in Kombination mit Regulation und Kontrolle des Staates geht auf. Deutschlands Wirtschaft wird international eingebunden, gleichzeitig kümmert sich Erhard um sozialen Wohnungsbau und die Milderung von Kriegsfolgen. Zur rasant wachsenden Wirtschaft trägt auch die unter ihm eintretende Vollbeschäftigung bei. Nach seinem Rücktritt erlebt die Republik ihre erste Wirtschaftskrise.

Mahatma Gandhi

Der indische Freiheitskämpfer Mahatma Gandhi gilt vor allem wegen seiner friedvollen Proteste, mit denen er Widerstand gegen die britische Kolonialmacht und die Unterdrückung Indiens leistete, als politisches Vorbild. Sein bekanntester Aufmarsch ist der Salzmarsch von 1930, bei dem er 385 Kilometer lief, um gegen die eingeführte Steuer auf Salz zu protestieren.

Dem Marsch und auch seinen anderen Protesten schließen sich Hunderttausende Inder an. Trotz mehrfacher Inhaftierung gab Gandhi seinen friedlichen Kampf nicht auf, bis Indien 1947 die Unabhängigkeit zugesprochen wurde. Er inspirierte viele andere Friedensaktivisten wie Martin Luther King.

Martin Luther King

Er ist das Gesicht des Civil Rights Movements der 1960er-Jahre in Amerika und bis heute ein Idol: Martin Luther King. Der Prediger und Vorsitzender der Southern Christian Leadership Conference entwickelte sich innerhalb kürzester Zeit zum charismatischen Anführer der Bürgerrechtsbewegung, der sich für friedliche Proteste und Debatten einsetzte. Seine Waffen gegen den Rassismus sind mitreisende Reden, allen voran die bekannte „I Have a Dream"- Ansprache, Sitzblockaden und Märsche.

Im April 1968 wurde er in Memphis angeschossen und starb im Alter von nur 39 Jahren. Daraufhin brachen im ganzen Land Proteste und Trauer aus. King inspirierte auch Friedensbewegungen der DDR und wird bis heute verehrt.

Ronald Reagan

Ronald Reagan war Schauspieler und Radio-Kommentator, bevor er in die Politik ging und 40. Präsident der Vereinigten Staaten wurde. Er regierte von 1981 bis 1989 und galt als der „Great Communicator", der große Kommunikator, der sich mit seiner Frau Nancy Reagan volksnah zeigte und durch seinen Antikommunismus treue Wähler gewann. Nach dem Vietnamkrieg und der Watergate-Affäre baute er das Selbstvertrauen der Amerikaner wieder auf, trotzdem verstärkte er durch einen Abbau der Sozialausgaben die Kluft zwischen Arm und Reich, was heute als "Reaganomics" bezeichnet wird.

Willy Brandt

Willy Brandt, mit Geburtsnamen Herbert Frahm, gehört zu den beliebtesten Kanzlern Deutschlands. Er polarisierte vor allem durch seine Ostpolitik, die das Ziel verfolgte, das Verhältnis zwischen BRD und DDR zu normalisieren. Aus einem gescheiterten Misstrauensvotum gegen ihn im Jahr 1972 geht er jedoch gestärkt hervor. Scheinbar nichts kann den charismatischem Brandt schaden. Schon früh setzte er sich politisch ein und kritisierte das Nazi-Regime aus dem Exil heraus.

Als Bundeskanzler bemühte er sich, den Nationalsozialismus aufzuarbeiten, sein Kniefall beim Warschauer Ghetto ging um die Welt und er erhielt 1971 den Friedensnobelpreis. Für seine Versöhnungspolitik wurde er international und national gefeiert.

Winston Churchill

Winston Churchill ist bis heute eine der umstrittensten Persönlichkeiten der Politik. Der aus einer adligen Familie stammende Brite war zweimal Premierminister Großbritanniens, von 1940 bis 1945 und von 1951 bis 1955, und führte sein Land durch den Zweiten Weltkrieg. Churchill wurde durch seine patriotischen, motivierenden Reden zur Schlüsselfigur des Widerstands gegen Hitler und spornte die Briten immer wieder zu Durchhaltevermögen an.

Auch nach dem Krieg blieb er ein großer Staatsmann, setzte sich für eine Entspannung im Kalten Krieg ein und widmete sich neben politischen Geschäften der Malerei und Schriftstellerei. Kritisiert wird Churchill heute vor allem wegen rassistischer Äußerungen und imperialistischen Überzeugungen.

Hier kannst du dich weiter mit Politikern beschäftigen:

geboren.am/staatundpolitik

geo.de/geolino/weltveraenderer

whoswho.de

Geschichte

Der Geschichtsunterricht liegt bei dir schon eine ganze Weile zurück? Das ist keine Ausrede dafür, die folgenden wichtigen Persönlichkeiten der Geschichte nicht zu kennen! Sie waren Revolutionäre, Anführer und Erfinder – Menschen, die den Lauf der Geschichte änderten und noch heute Einfluss darauf haben, wie wir die Welt gestalten.

Albert Einstein

Der Physiker Albert Einstein war das Supergenie schlechthin. Seine revolutionären Errungenschaften wie die Relativitätstheorie gelten heute als Fundament der modernen Physik. Er beschäftigte sich mit der Atom- und Teilchenphysik und erhielt 1922 für seine Arbeit den Nobelpreis für Physik. Aufgrund seiner jüdischen Wurzeln konnte er nach erfolgreichen Jahren in den USA nicht mehr zurück nach Deutschland reisen, weswegen er bis zu seinem Tod 1955 in Princeton blieb. Drei Jahre zuvor hatte er noch das Angebot bekommen, Staatspräsident Israels zu werden. Dies lehnte er dankend ab, er sei für die Ausübung offizieller Funktionen nicht erfahren genug und zu alt.

Alexander der Große

Alexander der Große gilt bis heute als erfolgreicher Welteroberer. Er lebte von 356 v. Chr. bis 323 v. Chr. und war König von Makedonien sowie einer der besten Feldherren und Politiker seiner Zeit. Er eroberte durch strategischen Instinkt und seinen unbezwingbaren Willen zur Macht eine Vielzahl von Ländern, die dem heutigen Gebiet von Griechenland, der Türkei, Syrien, dem Libanon, Israel, Jordanien, Ägypten, Irak, Iran, Afghanistan und Pakistan entspricht.

Zu seinen Zielen gehörte auch eine Völkervereinigung, durch die ethnische, politische und kulturelle Verschiedenheiten innerhalb seines Reiches überwunden werden sollten. Bevor er dies endgültig schaffte, starb er in Babylon an einer Infektion. Sein Reich zerfiel danach, was bestehen blieb war der „Hellenismus", die Verschmelzung griechischer und orientalischer Kultur.

Alexander von Humboldt

Der 1769 in Berlin geborene Alexander Humboldt zählt zu den bedeutendsten deutschen Wissenschaftlern. Eine Meeresströmung, ein Mondkrater und eine Lilie sind nach dem Forscher benannt. Nach einer Karriere im Bergbau begann Humboldt damit, sich der Erforschung von Pflanzen und Tieren zu widmen und dafür um die ganze Welt zu reisen. Er führte geografische und meteorologische Messungen durch und begab sich von 1799 bis 1804 mit seinem Reisebegleiter Aimé Bonpland nach Venezuela, Kuba, in die Anden, nach Mexiko und in die USA.

Gemeinsam sammelten sie unglaubliche Mengen an botanischen und geologischen Proben und beeinflussten damit die Kartografie, Vulkanologie, Botanik, Zoologie, Ethnologie und weitere wissenschaftliche Gebiete. Humboldt war nicht nur ein Wissenschaftler und geselliger Mensch, sondern auch ein Idealist der Aufklärung, der die Sklaverei verurteilte und sich für Gerechtigkeit einsetzte.

Amelia Earhart

Amelia Earhart ist eine Ikone des Feminismus und gehört zu den berühmtesten Pilotinnen der Geschichte. Im Alter von 23 beginnt sie zu fliegen und stellt 1922 mit einer Flughöhe von 4.3000 m Flughöhe ihren ersten Weltrekord auf. Keine Frau vor ihr ist je höher in den Lüften gewesen. Im Jahr 1932 überquert sie als erste Frau alleine den Atlantik und bekommt dafür die Ehrenmedaille der Stadt New York, sie wird international endlich anerkannt. Auf ihrer letzten großen Mission, einer Weltumrundung, verschwindet die Ausnahmepilotin 1937, ihr Leiche wird nie gefunden.

Anne Frank

Die 1929 in Frankfurt am Main geborene Anne Frank musste mitsamt ihrer Familie 1942 untertauchen, da sie Juden waren und von den Nationalsozialisten verfolgt wurden. Zuvor waren die Franks in die Niederlande ausgewandert und hatten in Amsterdam glückliche Jahre verbracht. Doch auch hier waren sie vor den Nazis nicht sicher und mussten sich verstecken. Während dieser angsterfüllten Zeit schrieb Anne in ihr Tagebuch, dass sie liebevoll "Kitty" nannte.

1944 wurde das Versteck der Familie gestürmt und alle Mitglieder landeten in Konzentrationslagern. Anne und ihre Schwester starben dort kurz vor Kriegsende an Typhus, einziger Überlebender der Familie ist ihr Vater Otto Frank, der Annes Tagebuch 1947 auf den zuvor geäußerten Wunsch seiner Tochter veröffentlicht. Das Tagebuch ist heute eines der meistgelesenen Werke der Welt und ein bedeutendes Stück Zeitgeschichte.

Charles Darwin

Der Naturforscher Charles Darwin trug im 19. Jahrhundert wesentlich zur Evolutionstheorie bei und legte den Grundstein für die Erforschung der Entstehung verschiedener Spezies. Er wurde 1809 in England geboren und interessierte sich früh für Naturphänomene. Seine erste wichtige Reise, eine Weltreise, machte er 1831 an Bord der HMS Beagle, auf der er zahlreiche Tiere, Pflanzen und Gesteinsproben sammelte. Seine Evolutionstheorie basierte zunächst auf Beobachtung unterschiedlich entwickelter Finkenarten, später wandte er sie auf Affen an und stellte eine Verbindung zum Menschen her. Vor allem die Kirche war entsetzt von der Vorstellung, der Mensch sei kein separat kreiertes Wesen und mit Affen verwandt. Doch die Wissenschaft gibt Darwins Theorien, welche unser Weltbild nachhaltig prägen, recht.

Auf Darwins Theorien aufbauend entwickelte sich zudem der „Sozialdarwinismus", der die Theorie „Der Stärkste überlebt" auf soziale Strukturen anwendet und maßgeblich die Gesellschaft Ende des 19. Jahrhunderts prägte.

Isaac Newton

Fast jeder kennt wohl die berühmte Geschichte des fallenden Apfels, der den weltberühmten Physiker Isaac Newton auf die Theorie der Schwerkraft brachte. Der 1726 geborene Brite lernte früh, sich selbst Dinge beizubringen, auch weil aufgrund der Pest Zeit lang alle Universitäten geschlossen wurden. Er untersuchte unter anderem Probleme der Algebra, Mechanik und Optik und tat dies hauptsächlich allein. Denn Kritik nahm sich Newton sehr zu herzen, weswegen er sich mit den Jahren immer mehr aus der Öffentlichkeit zurückzog.

Mit seiner Veröffentlichung „Mathematische Prinzipien der Naturlehre" begründet er die Gravitationslehre und verband die Theorien Johannes Keplers und Galileo Galileis. An ihn erinnert heute unter anderem das "Newton Pendel", ein kleines Gebilde, in dem mehrere Kugeln zusammenhängen, von denen die beiden Äußeren Stoßimpulse an alle Kugeln übertragen können – ein beliebtes Spielzeug für Schreibtische.

Johanna von Orléans

Johanna von Orléans, auch bekannt unter den Namen Jeanne d'Arc oder die Jungfrau von Orléans, ist eine französische Nationalheldin und von der christlichen Kirche heiliggesprochen. Sie wurde zu Zeiten des Hundertjährigen Kriegs zwischen England und Frankreich geboren und hatte im Alter von 13 Jahren erste Visionen. Diese sollen ihr prophezeit haben, dass sie ihr Land als Kriegerin befreien würde.

Vier Jahre später trat sie vor das französische Königshaus und stellte sich als Engel vor, den der Himmel geschickt habe. Und tatsächlich führte sie kurz darauf in Ritterrüstung mit Truppen nach Orléans, motiviert durch ihre Anführerin besiegten die Franzosen die Engländer in fast ganz Südfrankreich. Beim Versuch, Paris zu befreien, wurde Jeanne verhaftet und mit nur 19 Jahren auf dem Scheiterhaufen verbrannt. Für die Franzosen ist sie seitdem eine heilige Märtyrerin, die tapfer für ihr Land kämpfte. 1920 wurde sie heiliggesprochen, viele Schriftsteller wie Bertolt Brecht, Friedrich Schiller und William Shakespeare nahmen sich ihrer Geschichte künstlerisch an.

Kleopatra

Der letzte weibliche Pharao mit Namen Kleopatra VII. kam 69 v. Chr. zur Welt und trat ihre Herrschaft mit 18 Jahren an. Sie bemühte sich, ihr Reich gegen die große Weltmacht Rom zu verteidigen und es unabhängig zu machen. Dafür ging sie sogar die berühmte Liebschaft mit Julius Caesar ein, der ihre ägyptische Herrschaft festigte. Doch nicht nur Caesar verliebte sich in die sagenhaft schöne Frau, nach seinem Tod verfiel ihr auch der nächste große Herrscher des östlichen Römischen Reiches, Marcus Antonius.

Nach einem von Caesars Großneffen Octavianus angezettelten Bürgerkrieg verfiel das Herrscherpaar in Ungnade und begangen 30 v. Chr. Selbstmord. Kleopatra gilt nach zweitausend Jahren aufgrund ihrer politischen Geschicktheit und auch ihrer bekannten Schönheitsrituale immer noch als feminine Figur von Macht und Stärke.

Malala Yousafzai

Malala Yousafzai wurde 1997 geboren und ist schon jetzt eine bedeutsame Figur der Geschichte. Sie ist die jüngste Preisträgerin des Friedensnobelpreises, den sie für ihre Arbeit als Kinderrechtsaktivistin verliehen bekam. Sie setzte sich für Frauen- und Kinderrechte ein, als sie selbst erst elf Jahre alt war. Als die Taliban 2007 die Herrschaft über ihre Heimat Pakistan übernahmen, schrieb sie in einem Blog über die schweren Anschläge und den Terror, den ihre Landsleute durchleiden mussten. Dabei ging sie vor allem darauf ein, dass Mädchen nun nicht mehr in die Schule gehen durften. In kurzer Zeit wurde sie weltberühmt und trat im Fernsehen auf, was die Taliban dazu brachte, im Oktober 2012 auf Malala zu schießen. Schwerverletzt überlebte das junge Mädchen und bekam danach sogar noch mehr Aufmerksamkeit. Seit 2017 ist sie auch UN-Friedensbotschafterin.

Marie Curie

Die erste weibliche Trägerin des Nobelpreises ist Marie Curie, Physikerin und Chemikerin, die mit ihren Forschungen die Welt veränderte. Lange Zeit musste sie als Lehrerin arbeiten und konnte nur im Privaten forschen, da Frauen Ende des 19. Jahrhunderts in Polen nicht an Universitäten zugelassen wurden. Glücklicherweise bekam Curie einen Studienplatz in Paris und ergatterte sich durch ihr Talent Stipendien. Zusammen mit ihrem Ehemann Pierre Curie entdeckte sie bei den Vorbereitungen für ihre Doktorarbeit die Radioaktivität und erforschte diese mit dem Ziel, durch sie Krankheiten zu heilen. Erstmals wird Curie international anerkannt, wenig später wird sie die erste Frau, die aktiv Physik an der Universität Sorbonne lehren darf.

1911 bekommt sie einen zweiten Nobelpreis, danach unterstützt sie freiwillig verletzte Soldaten im Ersten Weltkrieg mit mobilen Röntgeneinrichtungen und gibt viele Vorlesungen. 1935 starb Curie aufgrund der radioaktiven Strahlung, der sie sich jahrzehntelang ausgesetzt hatte.

Napoleon Bonaparte

Napoleon Bonaparte wurde 1769 geboren und beeinflusste das 18. Jahrhundert maßgeblich. Der adlige Franzose wurde während der Französischen Revolution zum General erklärt und entwickelte sich über die Jahre zum Helden der Nation. 1799 endete die Revolution und Napoleon wurde zum Kaiser und Alleinherrscher Frankreichs. Er baut das Land wieder auf und sorgt innenpolitisch für Frieden, gleichzeitig stellte er sich anderen Ländern rebellisch gegenüber und zog in den Krieg gegen Großbritannien, Preußen und Russland. 1807 herrschte dann zwischen den Ländern wieder Frieden, doch die Engländer verzogen Napoleon nicht. Wegen Unruhen und Machtkämpfen zog er sich zurück, er wurde auf eine Insel im Südatlantik verbannt und starb dort 1821 an Krebs. Napoleon taucht heute noch immer als Kriegsheld in Filmen, Serien und Büchern auf.

Ramses II

Ramses II gilt als einer der wichtigsten Herrscher des Alten Ägypten und regierte ganze 66 Jahre, von 1279 bis 1213 v. Chr. Der Pharao ist uns heute vor allem durch seinen Größenwahn bekannt; er ließ während seiner Amtszeit viele Statuen von sich erbauen, dazu einen riesigen Totentempel namens „Ramesseum" und eine neue Hauptstadt. In vielerlei Hinsicht hat er sich seinen Ruhm verdient, denn unter ihm erlebte Ägypten eine Zeit des Friedens und des Wohlstands. Er war fast hundertfacher Vater und verewigte sich auch mit den Felstempeln von Abu Simbel, die bis heute ein Symbolbild für das Ägyptische Reich sind. Der am längsten regierende Pharao wird über 80 Jahre alt und wird scheinbar noch heute verehrt, von zahlreichen Wissenschaftlern, die seine guterhaltene Mumie untersuchen.

Thomas Alva Edison

Der Ingenieur und Unternehmer Thomas Edison ist für viele der größte Erfinder der Weltgeschichte. Er lebte von 1847 bis 1931 und revolutionierte das alltägliche Leben vor allem durch seine Verbesserung der Glühbirne (die er nicht wirklich als erster erfunden hatte). Dazu entwickelt er unter anderem Schalter, Fassungen, Sicherungen sowie den ersten Phonographen, durch den erstmals Stimmen aufgenommen und wieder abgespielt werden konnten.

Seine 1.093 Patente bringen ihm neben Ruhm und Anerkennung mehrere Millionen Dollar ein. Im Gegensatz zu vielen anderen Erfindern der Geschichte war Edison geschickt darin, seine vielen Erfindungen zu vermarkten und die richtigen Investoren zu finden. Heute ist sicher, dass der Tüftler außerdem skrupellos Konkurrenten wie Nikola Tesla und George Westinghouse aus dem Weg zu schaffen versuchte. So versuchte er, Westinghouses Wechselstrom öffentlich schlecht zu machen, indem er Hunde, Katzen und schließlich sogar einen Elefanten bei Vorführungen durch Wechselstrom tötete. Diese Experimente führten schließlich zur Entwicklung des elektrischen Stuhls.

Noch mehr über die wichtigsten Persönlichkeiten der Geschichte kannst du mit diesen Quellen lernen:

Bergh, Hendrik van: *Menschen, die die Welt veränderten*

Big Ideas: *Das Geschichts-Buch. Große Ereignisse einfach erklärt*

planet-wissen.de/geschichte/persoenlichkeiten

geboren.am/top100

Philosophie

Wozu leben wir? Sind wir selbstbestimmte Wesen? Wie kann eine gerechte Gesellschaft aussehen? Diese und weitere essenzielle Fragen stellen sich diese Denker und Philosophen seit geraumer Zeit. Ihre Theorien reichen von skurril über interessant zu bahnbrechend und sind nach wie vor brandaktuell.

Aristoteles

Das Universalgenie Aristoteles war nicht nur Philosoph, sondern auch Biologe, Physiker und Wissenschaftler. Er lebte 300 Jahre v. Chr. und gehört zu den einflussreichsten Personen der Antike, unter anderen war Alexander der Große sein Schüler. Er gründete in Athen seine eigene Schule, das Lykeion, und lehrte beispielsweise die Theorie der Rhetorik, also der Redekunst, außerdem Literatur und die Naturwissenschaften. Er interessierte sich besonders für die Logik und die Naturlehre und stellte die These auf, dass der Mensch nicht ohne Gesellschaft leben kann.

Aristoteles verstand sich darauf, Zusammenhänge zwischen seinen Untersuchungen herzustellen und in größere Lehren umzuwandeln. Zu seinen bedeutendsten Werken gehören neben der Rhetorik die Poetik, Metaphysik, Politik und Organon.

Arthur Schopenhauer

Der Hochschullehrer und Philosoph Arthur Schopenhauer wurde 1788 in Danzig geboren und nahm sich insbesondere Immanuel Kant und Platon zum Vorbild. Er prägte den Begriff des subjektiven Idealismus und war großer Anhänger des Buddhismus. In seinem Hauptwerk „Die Welt als Wille und Vorstellung" beschreibt Schopenhauer, dass Leben immer mit Leiden verbunden ist und man durch Kunst und Musik diesem Leid kurzzeitig entfliehen kann. Das grundlegende Leiden des Lebens verpflichte alle Menschen zum Mitleid gegenüber anderen und das Leid könne nur durch die komplette Entsagung aller Wünsche abgelegt werden. Das Mitleid sei auch wichtig, um den angeborenen Egoismus des Menschen zu überwinden. Schopenhauer prägte viele andere Gelehrte wie Goethe, Nietzsche, Einstein oder Tolstoi.

Friedrich Nietzsche

„Gott ist tot!" Das ist wohl das berühmteste Zitat des Philosophen Friedrich Nietzsche. Der Mann mit dem großen Schnauzer wurde 1844 im heutigen Sachsen-Anhalt geboren und erlangte tatsächlich erst nach seinem Tod nationale und internationale Anerkennung. Seine Philosophie steht insbesondere im Namen der Religionskritik und dem Zweifel an Mensch, Gott und Moral.

Als sein Hauptwerk gilt „Also sprach Zarathustra", ein philosophisches und lyrisches Werk, das von manchen als Tragödie, von anderen als Bibel-Parodie klassifiziert wird. Seine Theorie des "Übermenschen", der allen anderen geistig überlegen ist, machten sich später die Nationalsozialisten für ihre Rassenideologie zu nutzen.

Georg Wilhelm Friedrich Hegel

Wer in Diskussionen mit einem Hegel-Zitat um die Ecke kommt, wird als gebildet oder angeberisch wahrgenommen – oder beides. Tatsächlich gehören Hegels Theorien und vor allem seine Sprache zu den komplexeren Themen in der Philosophie. Der Jahrhundert-Denker und „König der Gedanken"

Preußens ist vor allem für seine Philosophie des Weltgeistes bekannt, nach der die Welt stets in Bewegung und Veränderung ist und sich eine historische Epoche einem logischen Bewegungsprinzip nach an die nächste reiht. Wie beim Wachsen einer Pflanze gehorcht die Reifephase der Welt einem inneren Prinzip, einer eigenen Logik. Gott ist für ihn ein Weltgeist, der die Summe aller Epochen in sich vereint und nicht bereits seit Anfang der Geschichte da war. Dafür erntete er vor allem von der Kirche Kritik. Hegel war auch Vertreter des aufgeklärten Absolutismus und sah in Preußen einen Staat, der das Höchstmaß der Freiheit erreicht hatte.

Hannah Arendt

Die 1906 geborene jüdische deutsch-US-amerikanische Philosophin und Publizistin Hannah Arendt setze sich intensiv mit den Themen Macht, Totalitarismus und dem Nationalsozialismus auseinander. Während des Nationalsozialismus erlebte sie die Entrechtung und Verfolgung der Juden, wurde 1933 kurzzeitig von der Gestapo fangen gehalten und emigrierte dann in die USA, wo sie Kolumnen für eine deutsch-jüdische Emigranten-Zeitung schrieb. Sie berichtete 1961 über den Eichmann-Prozess in Jerusalem, schrieb das politische Werk "Elemente und Ursprünge totaler Herrschaft" und prägte den Ausdruck der "Banalität des Bösen". Ihre hochintellektuellen Texte und Lehren sind im 21. Jahrhundert noch immer aktuell.

Immanuel Kant

Immanuel Kant ist der bedeutendste Philosoph der Aufklärung und vor allem für den Ausspruch "Habe den Mut, dich deines eigenen Verstandes zu bedienen" bekannt. Er lebte von 1724 bis 1804 und verließ seine Heimat Königsberg im ehemaligen Preußen tatsächlich nie. Sein Hauptwerk "Kritik der reinen Vernunft" wurde 1781 veröffentlicht und behandelte Fragen nach dem freien Willen und der Bestimmung der Menschen, womit er großen Einfluss auf die philosophische Welt hatte.

Er ist auch bekannt für den kategorischen Imperativ, laut Kant der Grundsatz des menschlichen Handelns: Jeder Mensch trägt allein die Verantwortung für seine Taten und niemand sollte einem anderen etwas antun, von dem er nicht will, dass es ihm selbst passiert.

Jean-Jacques Rousseau

Jean-Jacques Rousseau ist seit jeher eine umstrittene Figur, gilt als Frauenhasser und Rabenvater, gleichzeitig als Gerechtigkeitsfanatiker und Figur der Aufklärung. Er wurde 1712 geboren und entdeckte schon früh das Reisen und Diskutieren für sich. Seine Philosophie beschäftigt sich vor allem mit der Erziehung des Menschen und dem Menschsein an sich. Einer seiner prominentesten Gedanken ist, dass der Mensch im Grunde gut ist und nur Erziehung und Gesellschaft ihn böse machen. Auf spätere Jahrhunderte übte auch seine Theorie des freien Willens Einfluss aus, er war von der menschlichen Vernunft und individuellen Rechten überzeugt.

Dies bildete die Grundlage für die Französische Revolution und prägte viele Philosophen wie Kant, Marx oder Hegel. Berühmt sind zudem seine Erziehungstheorien, in denen er die freie Entfaltung der kindlichen Persönlichkeit forderte.

Jean-Paul Sartre

Der Philosoph, Dramatiker und Romancier Jean-Paul Sartre gilt als Hauptvertreter des Existenzialismus und gehört zu den wichtigsten französischen Intellektuellen des 20. Jahrhunderts. Er prägte das Nachkriegseuropa vor allem mit seinem Hauptwerk „Das Sein und das Nichts". In diesem beschrieb er, dass das Sein aufgeteilt sei in ein An-sich-Existieren und eines, dass sich seiner Existenz bewusst ist und damit für-sich existiert. Das bringe die Freiheit mit sich, sich als Mensch selbst zu definieren, vor allem durch die eigenen Taten. Sartre engagierte sich politisch gegen die deutsche Besetzungsmacht, wurde kurzzeitig gefangen genommen und arbeitete nach dem Krieg als freier Schriftsteller. 1964 sollte er den Nobelpreis für Literatur bekommen, lehnte diesen jedoch ab.

Sein letzter umstrittener Auftritt war im Jahr 1974, als er den RAF-Terroristen Andreas Baader im Gefängnis besuchte.

John Locke

Der englische Philosoph John Locke gilt als Begründer des Liberalismus. Er wurde 1632 geboren, studierte Medizin und war ein praktizierender Arzt. Zudem war er politisch aktiv, was sich auf seine Philosophie auswirkte. Locke argumentierte, dass der Staat für den Schutz von Eigentum, Freiheit und Leben seiner Bürger verpflichtet war. Später sollte diese im Prinzip alle Verfassungen liberaler Regierungen beeinflussen. Seine Staatsphilosophie sah eine Gewaltenteilung vor, bei der Exekutive und Legislative unabhängig voneinander sind, womit er sich gegen den Absolutismus wandte. Zusätzlich prägte Locke die Erkenntnistheorie, nach der Menschen als "Tabula rasa" geboren werden, also unbeschriebene Blätter sind, bevor sie Dinge erfahren. Zu seinen Werken gehören „Zwei Abhandlungen über die Regierung" und „Ein Versuch über den menschlichen Verstand".

Konfuzius

Konfuzius ist wahrscheinlich einer der meistzitierten Philosophen der Menschheitsgeschichte. Der chinesische Gelehrte lebte von 551 v. Chr. bis 479 v. Chr., während es in China einen Bürgerkrieg gab. Er beschäftigte sich damit, wie das Land wieder zu Ruhe und Einigkeit kommen könne und predigte vor allem die Rückbesinnung auf Moral und Pflichtbewusstsein. Seinen Schülern, die sowohl reich als auch arm waren, brachte er bei, fleißig und freundlich zu sein, sich an Versprechen zu halten und Neid oder Unzufriedenheit als unnötige Gefühle wahrzunehmen. Nach Konfuzius kann Frieden nur hergestellt werden, wenn alle Menschen lernen, ein gutes und tugendhaftes Leben zu führen. Er dachte nie über Götter oder andere höhere Mächte nach, wie es beispielsweise die Griechen seinerzeit taten. Es ging ihm vor allem um das alltägliche Leben. Nach seinem Tod verbreiteten die Schüler des Konfuzius seine Lehren im Buch „Lunyu". Als China ca. 200 v. Chr. geeint wurde, erhoben die Herrscher seine Lehren zu einer Art Religion, dem Konfuzianismus.

Karl Marx

Nur sehr wenige Menschen hatten mit ihren Gedanken so viel Einfluss auf die Menschen ihrer Zeit und die nachfolgenden Generationen wie der Ökonom, Gesellschaftstheoretiker, Journalist und Philosoph Karl Marx.

Wie sein Kollege Friedrich Engels war der 1818 geborene Marx Anführer der Arbeiterbewegung des 19. Jahrhunderts und verfolgte das Ziel einer klassenlosen Gesellschaft, in der alle Güter geteilt werden und es kein reich oder arm gibt. In seiner Utopie besitzt jeder das Gleiche und alles gehört jedem. Diese Lehre des Marxismus rief die Proletarier dazu auf, sich gegen die Kapitalisten zu wenden. Marx und Engels schrieben ihre Ideen in ihrem „Kommunistischen Manifest" nieder, ein bis heute viel gelesenes Werk. Marx verfasste später ein weiteres erfolgreiches Buch, „Das Kapital". Bis heute gibt es Länder wie China, in denen der Kommunismus streng gelebt wird.

Platon

Platon, Schüler des Sokrates und einer der wichtigsten griechischen Philosophen, wurde 428 v. Chr. geboren und kam aus einer wohlhabenden Familie. Zu seinen Lehren gehört vorrangig die Ideenlehre, die im Beispiel des Höhlengleichnisses zusammengefasst wird. Beim Höhlengleichnis sind Menschen in einer Höhle angebunden und sehen immer nur die Schatten von Gegenständen an der Felswand.

Die Schatten sind für sie die Wirklichkeit, selbst wenn einer von ihnen sich befreit und die Realität erkennt – die anderen werden ihm nicht glauben. Platon nach gibt es eine Sinnenwelt, die wir mit unseren Sinnen wahrnehmen und die uns täuschen kann, und eine Ideenwelt, in der Dinge unabänderlich sind und die mit den Sinnen nicht erkennbar ist. Platon war überdies hinaus ein Verfechter der Vernunft und hielt im Buch „Der Staat" seine Vorstellung des perfekten Staates fest. Ungewöhnlich für seine Zeit war auch sein Frauenbild, er forderte Bildung für Mädchen und war von deren Vernunft überzeugt.

Rene Descartes

Der Franzose Rene Descartes, geboren 1595, gilt als großer Zweifler der Philosophie, der stets die Welt, sich selbst und Gott infrage stellte. Das Universalgenie widmete sich neben der Philosophie noch anderen Disziplinen wie der Mathematik und Astronomie, beschäftigte sich aber am liebsten mit den großen Fragen. Unter anderem stellte er die These in den Raum, dass die Realität gar nicht wirklich existiert, sondern nur ein Traum ist. Das brachte ihn auf einen anderen Gedankenstrang: „Wenn ich zweifle, denke ich, wenn ich denke, dann muss ich existieren." Daraus entstand eines der berühmtesten philosophischen Zitate: „Cogito ergo sum", zu Deutsch „Ich denke, also bin ich."

Mit seinen radikalen Ideen machte sich Descartes immer wieder Feine, vor allem die Kirche war entsetzt von seinen Ideen und verbot seine Bücher. Das konnte jedoch nicht verhindern, dass seine Lehren zu den wichtigsten der Neuzeit wurden.

Sokrates

Zu seiner Zeit beäugten ihn viele misstrauisch, heute gilt Sokrates als Begründer der Philosophie. Nur dank seiner aufmerksamen Schüler kennen wir heute seine einflussreichen Lehren, in denen der 469 v. Chr. geborene Denker über Gerechtigkeit und den Sinn der Philosophie an sich philosophiert.

Seine Gedanken sind vorrangig in Form von Dialogen überliefert, er begab sich zudem oft auf öffentliche Plätze, um seine Unterweisungen zu unterbreiten. Er war überzeugt, dass jeder Mensch die Wahrheit in sich trage, diese aber erst durch gezieltes Fragen „herausgekitzelt" werden müsse. Jeder trage Liebe, Tugend, Selbsterkenntnis und Gerechtigkeit in sich und Bösartigkeit sei immer aus Unkenntnis geboren. Abgesehen von ethischen Fragen beschäftigte sich Sokrates auch mit Problemen der Logik. Er wurde 399 v. Chr. wegen Gotteslästerung und Erzürnung des Staates hingerichtet, ein Hilfsangebot zur Flucht lehnte er ab, da er für seine Sache bereit war zu sterben. Vor allem sein Schüler Platon überlieferte die Gedanken seines Lehrers.

Lust auf noch mehr große Philosophen und ihre Lehren? Sieh dir einmal diese Quellen an:

Poller, Horst: *Die Philosophen und ihre Kerngedanken. Ein geschichtlicher Überblick*

Landau, Cecile: *Das Philosophie-Buch. Große Ideen und ihre Denker*

stern.de/zehndenkerkompakt

philosophenlexikon.de

geboren.am/bedeutendephilosophen

TEIL 6: EUROPA

Geographische Fakten

Die Fläche Europas

Die gesamte Fläche des europäischen Kontinents beträgt etwa 10.500.000 km², was ihn nach Australien zum zweitkleinsten Erdteil macht. Die Fläche aller Länder der Europäischen Union beträgt etwa 4.500.000 km², wobei Frankreich das größte und Malta das kleinste Land der EU ist.

Der längste Fluss Europas

Der längste Fluss Europas ist die Wolga mit einer Länge von ca. 3.530 km, gefolgt von der Donau mit 2.850 km und dem Ural mit 2.428 km. Der Ursprung der Wolga liegt im Westen Russlands und sie mündet in das Kaspische Meer. Sie hat ungefähr 200 größere Nebenflüsse und ist über Kanäle sowohl mit der Ostsee als auch mit dem Schwarzen Meer und dem Nordpolarmeer verbunden.

Der höchste Berg Europas

Als höchster Berg Europas gilt der Elbrus mit einer stolzen Höhe von 5.642 m. Der vergletscherte Vulkan liegt auf russischem Gebiet an der Grenze zu Asien und wird deshalb nicht immer als europäischer Berg gesehen. Sein "Gegner" ist daher der Mont Blanc mit einer Höhe von 4.800 m, der höchste Berg der Alpen. Wer den Titel des höchsten Bergs Europas trägt, ist also eine Definitionssache der innereurasischen Grenze.

Europäisches Nordmeer

Das Europäische Nordmeer liegt zwischen Norwegen, Island und Spitzbergen und hat eine Fläche von ungefähr 1,1 Millionen km². Als Randmeer des Atlantischen Ozeans bildet es eine wichtige Verbindung zwischen dem

Nordatlantik und dem Nordpolarmeer. Seine wirtschaftliche Bedeutung geht auf den Fischfang und auf die Vorräte an Erdöl und Erdgas im Meeresboden zurück.

Europäischer Wirtschaftsraum

Europäische Zentralbank

Die Europäische Zentralbank (EZB) wurde 1998 gegründet und hat ihren Sitz in Frankfurt am Main. Ihre Aufgabe ist es, den Euro zu verwalten, Preisstabilität zu gewährleisten und die Wirtschafts- und Währungspolitik der EU durchzuführen. Dabei liegen vor allem das Schaffen neuer Arbeitsplätze und das europaweite Wirtschaftswachstum im Fokus.

Um Wechselkurse im Gleichgewicht zu halten, verwaltet die EZB Währungsreserven und kauft bzw. verkauft Währungen. Sie ist auch für Zahlungssysteme verantwortlich, überprüft nationale Behörden, die die Finanzmärkte und -institute beaufsichtigen, und gewährleistet Stabilität europäischer Bankensysteme. Das Entscheidungsgremium der EZB ist der EZB-Rat, das Direktorium, bestehend aus Präsident/in, Vizepräsident/in und weiteren Mitgliedern, überwacht die Tagesgeschäfte der EZB. Im Erweiterten Rat sitzen Präsidenten der nationalen Zentralbanken der EU-Mitgliedsländer, um eine gemeinsame Koordination zu gewährleisten. Die nationalen Zentralbanken bilden zusammen das Europäische System der Zentralbanken.

Binnenhandel der EU

Etwa zwei Drittel des Warenhandels wickelt die EU innerhalb der eigenen Grenzen ab. Der EU-Binnenmarkt ist daher von hoher wirtschaftlicher Bedeutung für alle Mitgliedsstaaten. Waren im Wert von mehreren Milliarden Euro werden jedes Jahr von den einzelnen Staaten innerhalb der EU-Grenze exportiert und auch eingefahren. Dabei ist die Bedeutung des Binnenmarkts für manche Länder höher als für andere. Die größten Exporteure sind in der Regel Deutschland, die Niederlande, Frankreich und Belgien. Deutschland zählt außerdem neben Frankreich, dem Vereinigten Königreich und Italien zu den größten Importeuren.

Außenhandel der EU

Natürlich ist auch der Außenhandel der EU wichtig für die Länder. Zwischen 2003 und 2017 erhöhte sich der Extra-EU-Export von 862 auf ganze 1.879 Milliarden Euro, was einem Plus von über 100 Prozent entspricht. Beim Handel mit Staaten außerhalb der EU sind Deutschland, Frankreich, die Niederlande und Italien die Vorreiter. Auf sie entfallen knapp 60 – 70 % des Extra-EU-Exports und -Imports. Auch das Vereinigte Königreich trug vor dem Brexit einen Großteil zum Außenhandel der EU bei, gehört nun allerdings zu den Ländern, mit denen Europa selbst ein Handelsabkommen hat.

Handelspartner der EU

Der gesamte Extra-EU-Warenexport beträgt etwa 1.9 Milliarden Euro. Zu den wichtigsten Absatzmärkten gehören die USA, China, die Schweiz und Russland. Auch mit Japan, Norwegen, Südkorea und Indien wird viel Exporthandel getrieben. Die EU importiert die meisten Waren aus China, den USA, Russland, der Schweiz und Norwegen. Seit 2013 hat die EU eine positive Handelsbilanz, es werden also mehr Waren exportiert als importiert.

Europapolitik

Bevölkerung

In der EU leben ca. 448 Millionen Menschen. Die größte Bevölkerungsdichte hat Deutschland mit 83,2 Millionen Einwohnern, das Land ist damit der bevölkerungsreichste Mitgliedstaat der EU. Die kleinste Gesamtbevölkerung hat der südeuropäische Inselstaat Malta mit etwa 0,5 Millionen Einwohnern.

Europäische Union

Die Europäische Union hat insgesamt 27 Mitgliedsstaaten und wurde 1993 gegründet. Der Staatenverbund hat die Freiheit, Sicherheit und Rechtsstaatlichkeit sowie die Erhaltung europäischer Werte zum Ziel. Gemeinsam soll innerhalb des Verbunds daran gearbeitet werden, sozialen und wirtschaftlichen Wohlstand herzustellen und jegliche Form der Ungerechtigkeit und Diskriminierung zu verhindern. Des Weiteren sind die Würde des Menschen, Demokratie, Gleichstellung, Rechtsstaatlichkeit und die Menschenrechte die obersten Werte der EU. Eine gemeinsame Währung, ein starker Binnenmarkt und mehrere demokratische Institutionen sollen das Einhalten dieser Werte garantieren.

Neben viel gegenseitiger Unterstützung und Solidarität herrscht allerdings auch EU-Skepsis. Während manche das System der Union an sich kritisieren, sind manche mit einzelnen Aspekten wie der Euro-Währung nicht zufrieden. Andere kritisieren konkrete politische Entscheidung, beispielsweise die Brexit-Befürworter, für die der Umgang mit der Flüchtlingskrise in Europa von 2015 ausschlaggebend dafür war, die Trennung des Vereinigten Königreichs von Europa zu fordern.

Andere Kritiker stören sich an der großen Macht, die von der EU ausgeht. Sie sind der Meinung, dass oft über die Köpfe der Staaten hinweg entschieden wird. Hinzu kommt, dass die Umsetzung von Beschlüssen oft sehr lange dauert oder es zu überhaupt keinen Einigungen kommt.

Während sich reiche Länder oft darüber beschweren, ärmere Länder unterstützen zu müssen, fordern ärmere Mitgliedsstaaten mehr Gleichberechtigung. Insgesamt gibt es immer wieder Anlässe, die EU und ihr Vorgehen zu kritisieren. Umfragen zufolge unterstützen die meisten EU-Bürger die Europäische Union trotzdem und sind von ihr als Konzept überzeugt. Das liegt vor allem an der florierenden Wirtschaft, am Frieden zwischen den Mitgliedsstaaten, dem Niveau der Sozialleistungen innerhalb der EU und Vorteilen wie Studien-Austausch-Programmen.

Migration

Migration ist innerhalb der EU immer wieder ein wichtiges Thema und Anlass für Diskussionen. Die EU versucht vor allem ihre Außengrenzen zu schützen, mit Ländern wie der Türkei oder afrikanischen Staaten zusammenzuarbeiten, Migranten zu schützen und Schleuser zu stoppen. Insbesondere Letzteres ist ein wichtiges Anliegen, denn Schleuser nutzen das Leid geflüchteter Menschen aus und schmuggeln sie gegen hohe Geldsummen nach Europa, wobei Deutschland das Ziel Nummer eins vieler Geflüchteter ist. Diese Aktivitäten sind nicht nur illegal, sie sind auch lebensgefährlich. Tausende Flüchtlinge sind auf den gefährlichen Routen der Schleuser schon ums Leben gekommen, auf dem Mittelmeer vor den Küsten der Zielländer oder eingepfercht in Containern und Lastern.

Die EU ist darum bemüht, Schleuser zu fassen und den Geflüchteten Schutz zu bieten. Denn rechtlich gesehen ist die EU dazu verpflichtet, Menschen aufzunehmen, die in einem der Mitgliedsstaaten internationalen Schutz benötigen. In der Genfer Flüchtlingskonvention von 1951, das erste universell geltende Abkommen zum Schutz von Flüchtlingen, wurde bereits festgelegt, dass Flüchtlinge das Recht auf Schutz, Religions- und Bewegungsfreiheit, Bildung und Arbeit haben. Vor allem verbietet sie, Geflüchtete in die Länder zurückzuschicken, in denen ihnen z.B. durch Krieg oder Verfolgung Gefahr droht.

Obwohl bereits viele Geflüchtete in Europa aufgenommen und integriert wurden, gibt es noch immer zahlreiche Probleme. Legal in Länder wie Deutschland oder Schweden zu gelangen ist eine langwierige Angelegenheit und beinhaltet eine Menge Papierkram. Ohne Unterstützung von Hilfsorganisationen wäre es vielen gar nicht möglich, die nötigen Schritte zu machen, denn viele Behörden sind ausgelastet und überfordert.

Wie katastrophal die Lage für einige Anwärter auf europäischen Schutz ist, zeigte das Flüchtlingslager Moria auf der griechischen Insel Lesbos. Das für knapp 3.000 Menschen konzipierte Lager wurde teilweise von 20.000

Menschen bewohnt, die Verhältnisse waren jahrelang unzumutbar und viele Familien litten unter den Umständen. Als das Lager dann im September 2020 auch noch in Brand gesteckt wurde, verloren mehrere Tausend Menschen ihre Zuflucht, wurden ganz obdachlos und die Union war offensichtlich überfordert. International erntete die EU für diese Katastrophe viel Kritik, nur langsam verbessert sich die Situation der Migranten.

Europäisches Parlament

Das Europäische Parlament (EP) besteht aus Abgeordneten, die direkt von den Bürgern der Mitgliedsländer für fünf Jahre gewählt werden. Das EP ist daher das einzige Organ der EU, dass direkt von wahlberechtigten Europäern bestimmt wird. Die Anzahl der Abgeordneten richtet sich nach der Bevölkerungsstärke der jeweiligen Länder, seit dem Brexit sind es insgesamt 704 Personen und natürlich der Präsident. Innerhalb des Parlaments werden Fraktionen gebildet, wobei es um politische Ausrichtungen und nicht um Nationalitäten geht.

Die Versammlungen des Parlaments finden in Straßburg statt, Fraktionssitzungen und Fachausschüsse tagen in Brüssel. Zusammen mit dem EU-Rat ist das europäische Parlament als Gesetzgeber tätig und kontrolliert die Europäische Kommission sowie den Haushalt der EU. Die Rechtsvorschriften, die das Parlament ausarbeitet, betreffen den Alltag aller Europäer. Es geht beispielsweise um den Import und Export von Waren, um Bestimmungen bezüglich Dienstleistungen, den Verkehr innerhalb der EU oder um Umweltschutz. Die Parlamentssitzungen können online per Webstream live verfolgt werden, und das übrigens in allen Sprachen.

Rat der Europäischen Union

Ein weiteres politisches Organ der EU ist der Rat der Europäischen Union. In ihm kommen Minister der EU-Länder zusammen, um ebenso wie im Parlament über Rechtsvorschriften und den Haushaltsplan der EU zu diskutieren.

Der Rat und das EP bilden daher zusammen das Hauptbeschlussorgan der EU. Darüber hinaus koordiniert der Rat die politischen Maßnahmen der EU-Länder, beteiligt sich an der Außen- und Sicherheitspolitik der EU und trifft Übereinkünfte zwischen der Union und anderen Staaten bzw. internationalen Organisationen. Der Rat hat keine festen Mitglieder, sondern setzt sich je nach Thema zusammen – geht es z.B. um Wirtschaft und Finanzen, treffen sich die Finanzminister der Mitgliedsländer. Solche Tagungen der EU-Minister sind öffentlich und können ebenfalls live im Internet verfolgt werden. Damit ein Beschluss angenommen werden kann, müssen 55 % der Länder zustimmen, diese müssen wiederum 65 % der gesamten EU-Bevölkerung vertreten. Bei manchen Themen wie Aspekte der Außenpolitik oder Steuern ist allerdings Einstimmigkeit gefordert.

Europäische Kommission

Die Europäische Kommission ist dafür zuständig, die Beschlüsse des Europäischen Parlaments und des Rats der EU umzusetzen, es handelt sich also um eine politisch unabhängige Exekutive der EU. Die Kommission kann dem Hauptbeschlussorgan Gesetzesvorschläge zur Abstimmung vorlegen, welche die Interessen der EU-Bürger vertreten und von Experten unterstützt werden. Sie erstellt außerdem zusammen mit Rat und Parlament Jahreshaushaltspläne, überwacht Geldausgaben und überwacht das Einhalten des EU-Rechts aller Mitgliedsstaaten. Vor allem spricht die Kommission im Namen aller EU-Länder mit internationalen Organisationen und das insbesondere dann, wenn es um humanitäre Hilfe geht. Zudem handelt sie internationale Verträge aus.

Europäischer Gerichtshof

Der Europäische Gerichtshof ist dafür verantwortlich, dass das EU-Recht in allen Mitgliedsstaaten auf gleiche Weise angewendet wird und die Länder und Institutionen der EU das Recht einhalten. Er wurde 1952 gegründet und besteht aus jeweils einem Richter aus jedem EU-Land sowie elf

Generalanwälten. Richter werden für jeweils 6 Jahre ernannt. Das Gericht an sich besteht aus zwei Richtern aus jedem EU-Land, es fällt Urteile über Klagen, die meist mit staatlichen Beihilfen, Handel, Landwirtschaft und Wettbewerbsrecht zu tun haben. Der Gerichtshof entscheidet außerdem über Rechtsstreitigkeiten, falls diese zwischen EU-Institutionen und nationalen Regierungen entstehen. Er kann auch eingeschaltet werden, wenn ein Unternehmen, eine Organisation oder eine einzelne Privatperson seine Rechte von einer EU-Institution verletzt sieht. Liegt eine Schädigung vor, kann der Gerichtshof dafür sorgen, dass Kompensation erfolgt.

Darüber hinaus übernimmt der Europäische Gerichtshof auch die Funktion eines Arbeits- und Sozialgerichts, das beispielsweise Fragen über die Gleichbehandlung von Mann und Frau im Arbeitsleben behandelt. Auch Bußgeldentscheidungen der EU-Kommission werden vom Gerichtshof überprüft. Für die einzelnen Länder sind besonders die Vorabentscheidungsverfahren des Europäischen Gerichtshofs entscheidend. Das Gericht eines Landes kann ihm Fragen zur Auslegung des EU-Rechts vorlegen, bevor es in einem Fall eine Entscheidung trifft. Die vom Gerichtshof vorgebrachte Auslegung gilt dann gleichermaßen für alle anderen nationalen Gerichte.

Hier kannst du dein Wissen über Europa und die europäische Politik vertiefen:

Wessels, Wolfgang: *Das politische System der Europäischen Union*

Schrötter, Hans Jörg: *Kleines Europa-Lexikon*

bpb.de/europa

europa.eu

bundesregierung.de/europa

TEIL 7: POLITIK & GESELLSCHAFT

Regierungssystem

Jeder deutsche Bürger sollte wissen und verstehen, wie das Regierungssystem Deutschlands funktioniert. Denn die deutsche Politik betrifft unmittelbar jeden, der in diesem Land lebt.

Staatsform

Moderne Demokratien treten in verschiedenen Staatsformen auf. Während es in Großbritannien noch immer eine Monarchie mit einer Königin als Staatsoberhaupt gibt, ist Frankreich eine Republik mit einem gewählten Präsidenten an der politischen Spitze. Auch Deutschland ist eine Republik und hat keinen König, ist aber trotzdem etwas anders organisiert als Frankreich. Deutschland ist ein Bundesstaat mit 16 Bundesländern, die teilweise unterschiedliche Bildungssysteme haben und politische Angelegenheiten selbst entscheiden. Deutschland ist demnach föderal aufgebaut.

Parlamentarische Demokratie

Dass Deutschland eine parlamentarische Demokratie ist, bedeutet, dass die Bevölkerung ein Parlament wählt, was dann im Deutschen Bundestag über die Politik entscheidet. Alle vier Jahre finden die Bundestagswahlen statt, bei denen das Volk Vertreter für das Parlament wählt. So soll garantiert werden, dass der Wille des Volkes in der Politik auch wirklich umgesetzt wird. In allen europäischen Staaten gibt es parlamentarische Demokratien.

Grundgesetz

Das Grundgesetz der Bundesrepublik Deutschland gilt seit dem 23. Mai 1949 und ist die Verfassung des Landes. Es besteht aus einer Präambel, dem Grundrechtsteil und einem organisatorischen Teil. Die festgehaltenen Gesetze stehen über allen anderen deutschen Rechtsnormen und bilden das Fundament des staatlichen Systems und seiner Werte. Als wichtigster Punkt des Grundgesetzbuches gilt der erste Artikel der Grundrechte: „Die Würde des Menschen ist unantastbar. Sie zu achten und zu schützen ist Verpflichtung aller staatlichen Gewalt."

Bundespräsident

Der Bundespräsident vertritt die Bundesrepublik Deutschland nach innen und außen, er ist das Staatsoberhaupt mit erstem Amtssitz in Berlin und zweitem Amtssitz in Bonn. Er wird von der Bundesversammlung für eine fünfjährige Amtsperiode gewählt. Diese Versammlung wird allein für die Einberufung des Bundespräsidenten gebildet und tritt danach wieder auseinander. Der Bundespräsident muss parteipolitisch neutral sein, schlägt dem Bundestag einen Kandidaten zur Wahl des Bundeskanzlers vor und ist für die Ernennung bzw. Entlassung dessen zuständig, gleiches gilt für die Bundesminister.

Bundeskanzler

Der Bundeskanzler übernimmt die Chefrolle in der deutschen Bundesregierung, hat viel Macht und Verantwortung in der Politik und wird vom Bundestag gewählt. Dabei muss immer eine absolute Mehrheit vorliegen, diese wird auch „Kanzlermehrheit" genannt. Der Bundeskanzler schlägt dem Bundespräsidenten Kandidaten für die Ministerämter vor und leitet die Kabinettssitzungen. Er trägt die Verantwortung für die Richtlinien der Regierungspolitik und bestimmt diese. Die Bundesminister orientieren sich an diesen Richtlinien. Kommt es innerhalb der Regierung zu Konflikten, liegt es am Kanzler, die Richtung vorzugeben.

Das sind die bisherigen Bundeskanzler der Bundesrepublik Deutschland:
1. Konrad Adenauer (CDU) 1949 - 1963

2. Ludwig Erhard (CDU) 1963 - 1966

3. Kurt-Georg Kiesinger (CDU) 1966 - 1969

4. Willy Brandt (SPD) 1969 - 1974

5. Helmut Schmidt (SPD) 1974 - 1982

6. Helmut Kohl (CDU) 1982 - 1998

7. Gerhard Schröder (SPD) 1998 - 2005

8. Angela Merkel (CDU) 2005 - 2021

Bundestag

Der Bundestag ist gleichbedeutend mit dem Parlament der Bundesrepublik. Die Bevölkerung wählt für jeweils vier Jahre Abgeordnete als ihre Repräsentanten. Insgesamt gibt es 598 dieser Repräsentanten, sie treten im Deutschen Bundestag in Berlin zusammen.

Die Hauptaufgaben des Bundestags sind die Wahl des Bundeskanzlers, die Kontrolle der Bundesregierung sowie die Besprechung und Diskussion über aktuelle politische Probleme. Zudem beraten und beschließen die Vertreter neue Gesetze, nach denen sich das Volk richten muss. Die Repräsentanten sind daher das ganze Jahr über beschäftigt.

Bundesrat

Die Mitglieder des Bundesrats, also unterschiedliche Minister der Bundesländer, treffen sich einmal im Monat in Berlin. Diese Treffen werden Plenarsitzungen genannt. Die Bundesratsmitglieder sind nicht nur Landespolitiker, sondern auch Bundespolitiker, übernehmen also eine politische Doppelfunktion. Die Interessen aller Länder werden im Bundesrat vertreten und diskutiert, dabei hat jedes Land mindestens drei Stimmen, je nach Einwohnerzahl können Länder bis zu sechs Stimmen haben. Der Bundesrat hat insgesamt 69 Stimmen und demzufolge auch 69 Mitglieder. Sie werden nicht gewählt, da der Rat ein „ewiges Organ" ist, das sich erst mit neuen Landtagswahlen ändert.

Gesetzgebungsprozess

Wie kommen Strafgesetze, Sozialgesetze, Handelsgesetze und Co. zustande? An erster Stelle steht der Gesetzesvorschlag, den die Bundesregierung, der Bundesrat oder Bundestag vorlegt. Im Bundestag selbst wird der Vorschlag diskutiert, insbesondere von einem Ausschuss aus Experten, die sich mit dem jeweiligen Thema auskennen. Dem Gesetzesentwurf kann dann zugestimmt oder Änderungen beschlossen werden. Im Bundesrat debattieren dann noch einmal die Vertreter der Länder über das Gesetz, da sie in der Regel von ihm betroffen sind. Der Rat darf nichts mehr am Gesetz ändern, es nur akzeptieren oder ablehnen.

In Falle von Einspruchsgesetzen kann sich der Bundestag über den Bundesrat hinwegsetzen, bei Zustimmungsgesetzen, bei denen es um Verträge mit anderen Staaten oder Änderungen von Grundgesetzen geht, ist dies nicht möglich. Ist dieser Prozess durch, muss der Kanzler und der zuständige Minister das Gesetz unterschreiben, bevor der Bundespräsident schließlich den Entwurf zum tatsächlichen Gesetz macht.

Bundesministerien

Bundesministerien sind jeweils einem Bundesminister zugeordnete oberste Bundesbehörden, die einen bestimmten Aufgabenbereich übernehmen. So kümmert sich z.B. das Bundesumweltministerium um den Schutz der Natur und Umwelt, während sich das Bundesministerium des Inneren mit der Sicherheit der deutschen Bürger befasst.

Dies sind alle Bundesministerien Deutschlands:

- Bundesministerium der Finanzen
- Bundesministerium des Innern, für Bau und Heimat
- Auswärtiges Amt
- Bundesministerium für Wirtschaft und Energie
- Bundesministerium der Justiz und für Verbraucherschutz
- Bundesministerium für Arbeit und Soziales
- Bundesministerium der Verteidigung
- Bundesministerium für Ernährung und Landwirtschaft
- Bundesministerium für Familie, Senioren, Frauen und Jugend
- Bundesministerium für Gesundheit
- Bundesministerium für Verkehr und digitale Infrastruktur
- Bundesministerium für Umweltschutz, Naturschutz und nukleare Sicherheit
- Bundesministerium für Bildung und Forschung
- Bundesministerium für wirtschaftliche Zusammenarbeit und Entwicklung

Eine ganze Menge von Bundesministerien also, die sich allesamt mit wichtigen Interessen des Landes auseinandersetzen.

Bundesverfassungsgericht

Das Bundesverfassungsgericht ist das höchste deutsche Gericht und hat seinen Sitz in Karlsruhe. Seine Richter werden je zur Hälfte von Bundesrat und Bundestag gewählt, auf eine Amtszeit von 12 Jahren. Als höchste Instanz überwacht das Bundesverfassungsgericht die Parlamente, Regierungen und kleineren Gerichte in Deutschland, um sicherzugehen, dass sich diese an das Grundgesetz halten. Es kann bereits beschlossene Gesetze oder Anordnungen wieder aufheben, wenn sie verfassungswidrig sind, und entscheidet auch über Parteiverbote und Verfassungsbeschwerden, die jeder Bürger bei ihm einreichen kann.

Landesparlamente

Die Verwaltungen und Regierungen innerhalb der Bundesländer werden von den Landesparlamenten kontrolliert. Die parlamentarischen Vertretungen heißen Landtag, in den Stadtstaaten werden sie Abgeordnetenhaus genannt (Berlin) oder Bürgerschaft (Hamburg, Bremen). Die Landesparlamente haben im Prinzip die gleichen Aufgaben wie der Bundestag, sie wählen den Regierungschef, den Ministerpräsidenten. Trotzdem stehen sie eher im Schatten des Bundestages, für den sich die Öffentlichkeit mehr interessiert, es sei denn, im Landesparlament geht es um Themen wie die Schulpolitik oder Umweltverordnungen. Sehr wichtig ist die Kontrollfunktion der Landesparlamente, die Kontrolle der Verwaltung und der Regierung nehmen sie sehr ernst.

Landesregierung

Als Landesregierung oder Landeskabinett bezeichnet man die Regierung eines Bundeslands. Sie führt die Gesetze aus, die entweder bundesweit oder nur für das jeweilige Land gelten und kontrolliert deren Durchsetzung. Sie ist darüber hinaus dafür zuständig, den Bürgern die Politik des Bundeslandes zu erklären und sie schickt Vertreter in den Bundesrat. Außerdem kann sie im Landtag Gesetze vorschlagen. Die Landesregierung besteht aus einem Ministerpräsidenten sowie den Landesministern, in manchen Ländern auch aus hohen Beamten, also Staatssekretären, die die Minister und den Ministerpräsidenten unterstützen.

Landesverfassungsgericht

Das Hauptaugenmerkmal des Landesverfassungsgerichts liegt auf verfassungsrechtlichen Streitigkeiten, die auf die Landesverfassung zurückgehen. Damit ist es keine weitere Gerichtsinstanz, sondern wacht separat über die Einhaltung der Landesverfassung, also die eigene Verfassung des einzelnen Bundeslands. Es entscheidet über die genaue Auslegung der Verfassung und klärt Streitigkeiten, bei denen unklar ist, ob ein Landesgesetz mit der Landesverfassung vereinbar ist. Zudem befasst es sich mit Beschwerden über Entscheidungen des Landtags oder mit Anklagen des Landtags gegen Abgeordnete, denen vorgeworfen wird, ihre Macht missbraucht zu haben.

Parteilandschaft in Deutschland

Parteiensystem

Beim deutschen Parteiensystem handelt es sich um ein pluralistisches System, was bedeutet, dass mehrere Parteien die Staatspolitik lenken. Dabei können einzelne Parteien sehr stark sein, während andere eine kleinere Rolle einnehmen. Durch den Parteienpluralismus und die verschiedenen Verbände und Fraktionen innerhalb der Parteien soll der Volkswille so genau wie möglich repräsentiert werden.

Christlich Demokratische Union Deutschlands (CDU)

Die CDU wurde 1950 gegründet und ist von konservativen, liberalen und christlich-sozialen Sichtweisen geprägt. Zu ihren treuesten Wählern gehören praktizierende Christen, allgemein sind ihre Anhänger meist höheren Alters. Auf nationaler Ebene kann die CDU oft den größten Anteil an Wahlstimmen für sich gewinnen. Außen- und innenpolitische Entscheidungen der Bundesrepublik prägte die CDU als Regierungspartei maßgeblich. In ihrer Parteigeschichte gab es tatsächlich nur vier Parteivorsitzende, Konrad Adenauer, Helmut Kohl, Angela Merkel und der 2021 gewählte Armin Laschet.

Sozialdemokratische Partei Deutschlands (SPD)

Die SPD ist die älteste noch bestehende Partei Deutschlands. Sie wurde bereits 1863 als Partei der Arbeiterschaft gegründet, ist allerdings erst in den 1970er-Jahren die bundesweit stärkste Partei. Ihre Grundwerte sind Freiheit, Gerechtigkeit und Solidarität. Während über 40 % der SPD-Mitglieder Akademiker sind, besteht ihre Wählerschaft hauptsächlich aus Industriearbeitern und Angehörigen der neuen Mittelschichten.

Freie Demokratische Partei (FDP)

Die FDP war nach ihrer Gründung 1948 lange Zeit die einzige kleine Partei und nahm damit eine wichtige Rolle ein. Erst in den Jahren 2013 bis 2017 schaffte sie erstmals nicht die Fünf-Prozent-Hürde. Sie vertritt vor allem wirtschaftsliberale Standpunkte, zu ihren Wählern gehören vorrangig leitende Angestellte, Beamte und Selbstständige. Die FDP setzt sich vor allem für eine freie Marktwirtschaft und Bürgerrechte ein, in Sachen Europa- und Flüchtlingspolitik neigt sie eher zu konservativen Ansichten.

Alternative für Deutschland (AfD)

Die AfD wurde 2013 als Partei am rechten Rand gegründet, ausgelöst durch die Krise der europäischen Währungsunion 2010. Sie ist eine rechtspopulistische Partei, die vor allem in Ostdeutschland ihre Wähler findet. Diese sind hauptsächlich männlich und teilen rechtsextreme Gesinnungen. Ein Katalysator für die Popularität der AfD und ihrer Anti-Establishment-Einstellung war die Flüchtlingskrise von 2015, während der die Partei sich klar und teilweise provokativ gegen die vorherrschende Zuwanderungspolitik aussprach.

DIE LINKE

2007 aus der Zusammenlegung der Partei des Demokratischen Sozialismus (PDS) und der Partei Arbeit & soziale Gerechtigkeit – Die Wahlalternative (WASG) entstanden, hat DIE LINKE ihre Wurzeln sowohl in einer ostdeutschen Regionalpartei als auch im Protest gegen die Sozialpolitik der 2000er-Jahre und ist fest im deutschen Parteiensystem etabliert. Seit der Fusion wandelte sich ihre Wählerschaft vom Bevölkerungsdurchschnitt immer mehr hin zu Arbeitern und der einkommens- bzw. bildungsschwachen Bevölkerung. Der Standpunkt der Partei richtet sich gegen Militäreinsätze und ist deutlich antikapitalistisch und gewerkschaftsnah.

Bündnis 90/Die Grünen

Die Partei Bündnis 90/Die Grünen wurde 1990 gegründet und hat ihren Ursprung in den Anti-Atomkraft, Friedens- und Frauenbewegungen der 1970er- und 1980er-Jahre. Zentrale Themen sind daher schon immer Umweltschutz und der Protest gegen Kernenergie und atomare Rüstung. Zu den Wählern der Grünen gehören vorrangig Menschen aus dem Dienstleistungs- und Bildungsbereich, im Gegensatz zu anderen Parteien hat sie viele junge Wähler. Und auch innerhalb der Partei ist das Durchschnittsalter der Mitglieder das niedrigste aller Parteien.

Christlich-Soziale Union in Bayern e.V. (CSU)

Die 1946 gegründete CSU ist auf der einen Seite eine Regionalpartei, die bei Wahlen nur in Bayern antritt. Auf der anderen Seite hat sie auch die Stellung einer Bundespartei und ist damit eine Ausnahme unter den deutschen Parteien. Sie bildet zusammen mit der CDU eine Fraktion und setzt sich vordergründig für die Eigenstaatlichkeit Bayerns und bürgerlich-konservative Werte ein. Die CSU-Wähler sind größtenteils gläubige Christen, leben eher auf dem Land und sind älter als der Bevölkerungsdurchschnitt.

Kleinparteien

Neben den großen, etablierten Parteien gibt es in Deutschland noch etwa über 100 Kleinparteien, die zwar nicht zu den Bundestagsparteien gehören, doch teilweise im Europäischen Parlament vertreten sind. Dazu gehören beispielsweise die Piratenpartei, die FREIEN WÄHLER, die Familien-Partei Deutschlands oder die Bürger in Wut. Im Prinzip kann jede Person in Deutschland eine Partei gründen, allerdings müssen deren Mitglieder hauptsächlich deutsche Staatsbürger sein, der Parteivorstand muss aus mindestens drei Personen bestehen und ein Bundeswahlleiter bzw. das Landesparlament muss den Antrag auf Parteigründung prüfen. Es gibt also ein paar Spielregeln, die zu beachten sind, doch das Recht des Bürgers, eine Partei zu gründen, gehört zur deutschen Demokratie.

Bildungssystem

Das deutsche Bildungssystem wird immer wieder kritisiert, häufig aufgrund mangelnder Digitalisierung, veralteter Lehrpläne und der Vermittlung von unpraktischem Wissen. Trotzdem gehört es weltweit betrachtet zu den besten Systemen hinsichtlich schulischer Ausbildung.

Schulpflicht

In Deutschland herrscht seit ca. 200 Jahren Schulpflicht, was bedeutet, dass jedes Kind ab dem Alter von sechs Jahren die Pflicht hat, in die Schule zu gehen. Die gesetzliche Schulpflicht besteht vom 6. bis zum 18. Lebensjahr, Kinder müssen die Schule in Vollzeit bis zum Abschluss der 9. oder 10. Klasse besuchen. Das ist nicht nur eine Pflicht, es ist auch ein Privileg und Recht. Das Recht auf Bildung gehört zu den Kinderrechten, das in der Kinderrechtskonvention der Vereinten Nationen festgeschrieben ist.

Eine gute schulische Bildung ist die Grundlage für eine gute berufliche Ausbildung und eine selbstständige Lebensführung. Kinder sollen durch schulische Erziehung mündige Bürger werden, die im Stande sind, sich eine eigene Meinung zu bilden.

Schulformen

Als Elementarbereich wird die erste Stufe des Systems bezeichnet, welche Institutionen zur vorschulischen Förderung und Betreuung von Kindern unter sechs Jahren einschließt. An ihn schließt sich der Primarbereich an. Die Kinder besuchen eine Grundschule, in der vor allem erste Lese-, Schreib- und Rechenfähigkeiten ausgebildet werden, aber auch soziale Kompetenz und der Umgang mit anderen. Danach geht es in eine weiterführende Schule bzw. die Sekundarstufe I, die je nach Begabung, Interesse und Lerntempo ausgewählt wird. Je nach Bundesland unterscheidet sich die Auswahl der folgenden Schulformen. Während es in Bremen Oberschule und Gymnasium gibt, gibt es in Schleswig-Holstein Regional-, Gemeinschaftsschule und Gymnasium oder in Rheinland-Pfalz die Kooperative und Integrative Realschule, das Integrierte Gymnasium und das Gymnasium. Seit Jahrzehnten herrscht ein wahres Chaos der unterschiedlichen Bildungsformen, das auf den deutschen Föderalismus zurückzuführen ist. Zusätzlich gibt es überall spezielle Förderschulen, in denen Kinder mit Lernschwierigkeiten auf ihre individuellen Bedürfnisse angepasst gefördert werden. Nach der Sekundarstufe I folgt in der Regel die Sekundarstufe II.

Weil Bildung in Deutschland Sache der einzelnen Länder ist, gibt es auch immer wieder Unterschiede in den Lehrplänen und Anforderungen an die Schüler. Durch die unterschiedliche Bildungspolitik sind Ferienzeiten anders geregelt, Abschlussprüfungen unterscheiden sich stark und der Übergang zur weiterführenden Schule ist verschieden geregelt. Grundsätzlich werden an weiterführenden Schulen der Sekundarstufe II standardmäßig die Fächer Deutsch, Mathematik, Englisch, Naturwissenschaften (Chemie, Physik, Biologie), Religion/ Ethik, Musik, Kunst, Sport, Sozialwissenschaften (Politik, Geschichte, Geografie) gelehrt. An weiterführenden Schulen gibt es in den meisten Bundesländern bestimmte Schwerpunkte, so sind manche von ihnen eher künstlerisch ausgelegt und bieten Schwerpunkte wie Mediengestaltung oder Musik an, während andere den Fokus eher auf Naturwissenschaften legen. Zudem können Schüler in der zweiten Sekundarstufe teilweise ihren Stundenplan beeinflussen, indem sie Fächer abwählen oder aus Wahlpflichtfächern wählen können. Nach zwei bis drei Jahren ist die weiterführende Schule normalerweise abgeschlossen und die Schüler schließen ihre Ausbildung mit einer umfangreichen Abiturprüfung ab. Danach haben sie das Abitur erlangt, also die Allgemeine Hochschulreife und somit den höchsten Schulabschluss in Deutschland. Mit diesem sind sie dazu berechtigt, an einer Hochschule zu studieren.

Tertiärbereich

Als Tertiärbereich werden alle Bildungseinrichtungen bezeichnet, die sich an die zweite Sekundarstufe anschließen und deren Abschluss voraussetzen. Dazu gehören Fachhochschulen, Berufsakademien und Universitäten, an denen Studiengänge und Kurse belegt werden können. Weil sich das Bildungssystem in den letzten Jahrzehnten generell verbessert hat und vor allem mehr Menschen auch aus einkommensschwächeren Familien die Chance haben, gute Schulen zu besuchen und sich auszubilden, gibt es immer mehr Studenten. An deutschen Hochschulen gab es allein im Wintersemester 2018/19 fast 3 Millionen immatrikulierte Studierende. Von Jahr zu Jahr werden in Sachen Immatrikulation Rekorde aufgestellt, Studieren wird immer mehr zur Norm.

Berufliche Bildung

Noch immer schlagen viele einen anderen Weg ein und beginnen direkt nach dem Schulabschluss oder dem Abitur eine Berufsausbildung. Diese Ausbildungen sind meist dual organisiert, was bedeutet, dass die Auszubildenden in einem Betrieb beschäftigt sind und dort den praktischen Teil der Ausbildung meistern, während sie gleichzeitig in eine Berufsschule gehen und sich dem theoretischen Teil widmen. Es gibt aber auch vollzeitschulische Ausbildungen, vorrangig im Gesundheitswesen. In Deutschland gibt es im Jahr 2020 325 anerkannte Ausbildungsberufe, eine ganze Menge also. Zu den beliebtesten von ihnen gehören die Ausbildung zum Kaufmann für Büromanagement, zum Kraftfahrzeugmechatroniker und Kaufmann im Einzelhandel. Gesucht wird immer wieder nach Auszubildenden für handwerkliche Berufe wie Tischler, aber auch Industriemechaniker, Erzieher oder biologisch-technische Assistenzen. Die Vielfalt an anerkannten und zukunftsträchtigen Berufen in Deutschland ist groß und Experten gehen davon aus, dass viele von ihnen immer gefragter und nötiger für die Gesellschaft werden.

Wenn du noch nicht genug von unserem komplexen Regierungs- und Bildungssystem hast, kannst du dich mit diesen Quellen befassen:

Schmidt, Manfred: *Das politische System Deutschlands. Institutionen, Willensbildung und Politiker*

Ditfurth, Christian von: *Bundesrepublik Deutschland für Dummies*

bpb.de/politik

bpb.de/bildung

tatsachen-ueber-deutschland.de

bundeswahlleiter.de

bundeskanzlerin.de

TEIL 8: WISSENSCHAFT & MEDIZIN

Was ist Wissenschaft überhaupt?

Den Begriff "Wissenschaft" zu definieren ist gar nicht so leicht, denn es gibt viele Interpretationen und unterschiedliche Facetten wissenschaftlicher Arbeit. Grundsätzlich bezeichnet Wissenschaft immer menschliche Erkenntnis und Erfahrung. Das Ziel der Wissenschaft ist es, Wissen zu wahren und durch Forschung systematisch zu neuen Erkenntnissen zu gelangen. In wissenschaftlichen Arbeiten werden Ergebnisse zusammengetragen und der breiten Masse oder einem Fachpublikum vorgestellt.

Wissenschaftliche Disziplinen und Methoden

Es gibt eine Vielzahl von wissenschaftlichen Fachgebieten, die unterschiedlich kategorisiert werden können. Eine gängige Oberkategorie sind die Naturwissenschaften, zu denen hautsächlich die Teilgebiete Biologie, Physik, Chemie und Mathematik gezählt werden, aber auch Agrarwissenschaften, Astronomie oder Geowissenschaften. Naturwissenschaftler beschäftigen sich mit Phänomenen der Natur und arbeiten empirisch, was bedeutet, dass sie Erkenntnisse sammeln und daraus Schlüsse ziehen. Sie analysieren, beobachten und messen Naturphänomene und -zustände mit dem Ziel, Regelmäßigkeiten und Muster zu erkennen. Die Natur soll nicht nur erklärt, sondern auch für den Menschen nutzbar gemacht werden. Disziplinen wie Medizin, Technik, Psychologie oder Umweltschutz bauen größtenteils auf naturwissenschaftlichen Theorien und Erkenntnissen auf und nutzen diese kontinuierlich, um Verbesserungen zu erlangen.

Schon seit der Antike gibt es die Naturwissenschaften, den endgültigen Durchbruch schafften sie jedoch erst im 18. Jahrhundert, nachdem die Aufklärung eine wissenschaftliche Revolution auflöste und der Gesellschaft ihr Nutzen immer klarer wurde. Zu den bedeutendsten Methoden der Naturwissenschaften gehört die Induktion, bei der aufgrund objektiver Beobachtung eines Phänomens eine allgemeine Erkenntnis geschlossen wird, und die Deduktion, bei der aus einer aufgestellten Hypothese eine logische Schlussfolgerung wird. Gesetze und Theorien können immer jederzeit widerlegt werden, Falsifikation genannt, da sie nur so lange gelten, bis neue Forschungsergebnisse ihren Gültigkeitsbereich einschränken.

Eine weitere wissenschaftliche Disziplin sind die Geisteswissenschaften, die einen anderen Ansatz als die Naturwissenschaften verfolgen. Sie beschäftigen sich mit menschlichem Denken und Handeln sowie mit diversen kulturellen Hervorbringungen, zu den einzelnen Disziplinen gehören Geschichts-, Literatur-, Musik-, Religions- und Sprachwissenschaften sowie Kunstgeschichte und Philosophie. Es werden also keine Naturphänomene, sondern historische, politische, kulturelle, religiöse und geistige Phänomene und Strömungen untersucht. Es geht, wie der Name schon verrät, um den Geist – was bringt die Menschheit mit ihrem Geist und Wissen hervor, auf welche Weise und vor allem warum.

Auch Disziplinen der Geisteswissenschaft, vornehmlich Philosophie, existieren seit Jahrtausenden, etablierten sich in der breiten Masse aber erst in den letzten Jahrhunderten. Zwar hat jeder einzelne Bereich unterschiedliche Untersuchungsgegenstände, doch arbeiten Geisteswissenschaftler oft interdisziplinär, also unter Blickpunkt verschiedener Fachrichtungen. Zu den wichtigsten geisteswissenschaftlichen Methoden gehört die Hermeneutik, bei der es darum geht, mithilfe sozio-historischer Untersuchungen den Sinn eines kulturellen Gegenstandes, also einem literarischen Werk oder einem Gemälde, zu deuten und zu verstehen. Im Gegensatz zur exakten Naturwissenschaft geht es generell weniger um das quantitative Sammeln von Erkenntnissen, sondern um ein qualitatives Verstehen.

Mit den Geisteswissenschaften verwandt doch trotzdem meist separat betrachtet sind die Sozialwissenschaften, zu denen die Psychologie, Wirtschaftswissenschaften, Pädagogik, Ethnologie, Kommunikationswissenschaft und Soziologie gehören. Die Sozialwissenschaften sind die jüngste der drei wissenschaftlichen Hauptdisziplinen und setzen sich mit Phänomenen des gesellschaftlichen Zusammenlebens von Menschen auseinander. Untersucht werden also soziale Verflechtungen und individuelles wie Gruppenverhalten. Auch hier wird oft interdisziplinär gearbeitet, die Methoden der Sozialwissenschaften sind hauptsächlich empirisch und stark statistisch. Somit werden Natur- und Geisteswissenschaften in Untersuchungen oft vereint, was die Abgrenzung schwierig macht. Die erforschten Objekte der Sozialwissenschaft sind handelnde Menschen, deren Verhalten unter anderem durch Experimente analysiert werden, gleichzeitig geht es um das Verstehen und den (höheren) Sinn dieses Verhaltens. Wissenschaftliche Disziplinen unterstützen sich oft gegenseitig und haben alle ihre Berechtigung, da ihr oberstes Ziel stets darin besteht, den Menschen und seine Umwelt besser zu verstehen und simultan zu bessern.

Medizin

Fast keine wissenschaftliche Disziplin hat das menschliche Leben so bereichert wie die Medizin. Das Wunder der Medizin ermöglicht es uns, selbst den kleinsten Schnupfen effektiv zu behandeln. Schon seit Jahrtausenden lernen Menschen, sich selbst zu heilen und neue Krankheiten zu bekämpfen. Hier nur eine kleine Auswahl an essenziellen medizinischen Entdeckungen und Meilensteinen, die die Welt veränderten.

Röntgenstrahlen

1895 entdeckte Wilhelm Conrad Röntgen durch einen Zufall die Röntgenstrahlung, als er mit einer Kathodenstrahlröhre aus Glas experimentierte und diese mit Pappe abdeckte. Die Strahlen drangen durch diese hindurch und zeigten Röntgen seine eigenen Fingerknochen der Hand, mit der er die Apparatur anfasste. Dank des Röntgenverfahrens können Anomalien im Körper sichtbar gemacht werden, ohne diesen dafür schädigen zu müssen. Trotzdem sind die Strahlen auch gefährlich, ohne Schutz könne sie das Erbgut schädigen und Krebs auslösen.

Penizillin

Das der Schimmelpilz Penicillium eine Substanz erzeugt, die das Wachstum von Bakterien hemmt, entdeckt als erster Sir Alexander Fleming im Jahr 1928. Seitdem rettet das Penizillin Millionen von Leben, indem es bakterielle Infektionskrankheiten wie Cholera, Scharlach, Bronchitis oder Mittelohrentzündungen und sogar Meningitis, also Hirnhautentzündungen, bekämpfen kann. Schon Fleming warnte allerdings davor, dass Bakterien innerhalb des Körpers durch einen maßlosen Einsatz von Penizillin resistent werden können.

Narkose

Mehrere Tausende Jahre wurden Operationen mit nur schwacher, natürlicher Betäubung oder ganz ohne sie durchgeführt. Oft wurden Patienten während einer Operation vor Schmerz ohnmächtig, meist mussten sie die Schmerzen einfach ertragen. Das änderte sich 1846, als der junge Zahnarzt William Morton die erste erfolgreiche Narkose-OP durchführte. Dabei inhalierte der Patient Schwefeläther aus einem Glaskolben. Ohne Narkose wären die meisten Operationen heute nicht vorstellbar, vor allem solche, die sich über mehrere Stunden ziehen.

Organtransplantationen

Die erste professionelle Organtransplantation fand 1883 statt und wurde vom Schweizer Chirurgen Theodor Kocher durchgeführt. Er verpflanzte Schilddrüsengewebe in einen Patienten, dem zuvor in einer Operation die Schilddrüse entnommen wurde. Mit der Zeit entwickelten sich Techniken der Transplantation immer weiter, die ersten erfolgreichen Herztransplantation finden seit den 1960ern statt.

Impfungen

Gegen viele Infektionskrankheiten gibt es heutzutage Impfungen, die uns nachhaltig vor diesen schützen. Der englische Arzt Edward Jenner entwickelte im 18. Jahrhundert den ersten Impfstoff gegen Pocken, obwohl deren Erreger noch gar nicht entdeckt war. Jenner erkannte aber, dass einmal mit einem Pockenvirus infizierte Menschen gegen weitere Pockenkrankheiten durch bereits „trainierte" Abwehrkräfte immun waren. Ein weiterer Pionier der Impfung war Emil von Behring, der um 1900 die erste Schutzimpfung gegen Tetanus entwickelte und dafür den Nobelpreis für Medizin bekam.

Blutgruppen

Das Menschen verschiedene Blutgruppen haben, wurde erst 1901 vom österreichischen Pathologen Karl Landsteiner entdeckt. Er erfand das AB0-System, nach der noch heute Blutgruppen in A, B, AB und 0 bezeichnet werden. Vor seiner Entdeckung war es bei Bluttransfusionen wegen unterschiedlicher Blutgruppen oft zu schwerwiegenden Komplikationen gekommen.

Genforschung

Die Genforschung entwickelt sich seit einigen Jahren rasant weiter. Ein Beispiel ist die Genschere CRISPR, eine Technik, für die die Chemikerinnen Emmanuelle Charpentier und Jennifer A. Doudna den Chemie-Nobelpreis bekamen. Dabei handelt es sich um ein Verfahren, bei dem einzelne DANN-Bausteine und Gene durch das Hinzufügen zelleigener Enzyme ausgeschaltet oder verändert werden können. Dadurch könnten Wissenschaftler in der Pflanzen- und Tierzucht unter anderem krankheitsresistentere Sorten und Rassen entwickeln. Mediziner hoffen, durch das molekularbiologische Werkzeug Gendefekte reparieren und auf diese Weise Erkrankungen wie Malaria oder Erbkrankheiten ausschalten zu können. Bis jetzt ist es allerdings verboten, in das Erbgut von Menschen einzugreifen.

Dass es überhaupt zu solchen Entwicklungen kommen kann, ist dem Augustinermönch Gregor Mendel zu verdanken, dem Begründer der Vererbungslehre. Er experimentierte mit Erbsenkreuzungen und formulierte 1865 die Mendelschen Regeln, welche die Prinzipien der Vererbung körperlicher

Merkmale zusammenfassten. 1906 führte dann William Bateson den Begriff „Genetik" für die Vererbungsgesetze ein. In den nächsten Jahren entwickelte sich die Vererbungslehre immer weiter, bis 1953 die Molekularbiologen James Watson und Grancis Crick die Doppelhelix-Struktur der DNA entschlüsselten. Seit 2003 gilt dann das menschliche Genom, also der Code des menschlichen Erbguts, als vollständig entziffert. Innerhalb weniger Stunden sind Computer in der Lage, das Erbgut jedes Menschen zu lesen und zu vergleichen.

Seitdem eröffnen sich kontinuierlich neue Möglichkeiten der Genforschung. Erbkrankheiten können besser verstanden und therapiert werden, Gentests können Veranlagungen für bestimmte Erkrankungen anzeigen. Insbesondere die Krebsforschung profitiert von neuen Entwicklungen. In China wurden mithilfe der Genschere bereits Lungenkrebskranke behandelt, indem gentechnisch veränderte Immunzellen in ihren Kreislauf gebracht wurden. In Zukunft wird sich diese Technik wahrscheinlich noch verbessern und schneller anwendbar werden.

Auch die sogenannte Grüne Gentechnik, also Gentechnik bei Pflanzen, revolutioniert sich sukzessiv. Nutzpflanzen werden durch Genveränderungen gezielt noch nützlicher gemacht, also robuster und ertragreicher. Ist der Genotyp einer Pflanze, also ihre genetische Grundlage, einmal entschlüsselt, kann sie mit Genen eines anderen Organismus und damit mit neuen Eigenschaften ausgestattet werden. Dabei wird ein Genkonstrukt mit einer „Genkanone" in die Pflanzenzellen und deren DNA geschossen. Die Veränderung der Pflanzen bietet die Möglichkeit, Nutzpflanzensorten schneller den Wünschen des Marktes anzupassen und eventuell Hungerkrisen zu stoppen.

Mit neuen Entwicklungen der Gentechnik wächst allerdings auch das Missbrauchspotenzial, entsprechend polarisierend ist das Thema. Es steht die Befürchtung im Raum, dass Forscher mit ihren Ideen zu weit gehen und im Prozess neuer gentechnischer Entwicklungen mehr Schaden anrichten als Nutzen bringen. Kritisiert werden bei der Grünen Gentechnik vor allem die

Risiken der Störung des ökologischen Gleichgewichts, der Reduktion von Wildpflanzenvielfalt und Resistenzbildungen von Unkräutern und Schadinsekten. Bei der Roten Gentechnik, also jener, die beim Menschen eingesetzt wird, geht es meist um ethische Probleme. Die Gendiagnostik stellt werdende Eltern vor die schwierige Entscheidung, ein krankes Kind in die Welt zu bringen oder nicht, außerdem befürchten viele, dass sich ein Standard des "perfekten Menschen" etablieren könnte. Ein weiterer Streitpunkt ist die Befürchtung, dass sich durch neue Therapieansätze zukünftig eine Zweiklassenmedizin durchsetzt, in der neue Heilungsmethoden der ärmeren Bevölkerungsschicht verwehrt bleiben. Welche Befürchtungen und Chancen sich letztendlich durchsetzen werden, bleibt abzuwarten.

Spannendes über die Wissenschaften, Medizin und Gentechnik kannst du hier finden:

Rutherford, Adam: Eine kurze Geschichte von jedem, der jemals gelebt hat. Was unsere Gene über uns verraten

Charisius, Hanno: Biohacking. Gentechnik aus der Garage

Van de Laar, Arnold: Schnitt! Die ganze Geschichte der Chirurgie erzählt in 28 Operationen

Wünschiers, Röbbe: Generation Gen-Schere: Wie begegnen wir der gentechnologischen Revolution?

bmbf.de/naturwissenschaften

transgen.de

planet-wissen.de/natur

planet-wissen.de/technik

TEIL 9: PSYCHOLOGIE

Die Psyche des Menschen

Die menschliche Psyche ist faszinierend und noch immer nicht vollständig erforscht. Wie genau wir ticken, vor was wir uns fürchten, was wir lieben oder wie wir uns verhalten, wird durch komplexe Prozesse im Hirn gesteuert, auf die wir oft nur wenig Einfluss haben. Dank der heutigen modernen Psychologie gibt es jedoch bereits eine Menge Phänomene, die sich wissenschaftlich erklären lassen.

Unterbewusstsein

Unser Unterbewusstsein ist überraschend stark und steuert uns in vielerlei Hinsicht. Es entlastet uns in vielen Situationen, da es uns ermöglicht, Handgriffe automatisch auszuführen, ohne aktiv darüber nachdenken zu müssen. Ein Beispiel wäre in diesem Zusammenhang das Autofahren, das wir erst über einen gewissen Zeitraum erlernen und perfektionieren müssen, bis wir es schließlich wie im Schlaf können und während des Fahrens gar nicht mehr richtig darüber nachdenken, was zu tun ist. Die Bewegungen werden im sogenannten Proceduralen Gedächtnis abgespeichert und unbewusst abgerufen.

Das Unterbewusstsein ist zudem eng mit der Intuition verknüpft, eine Stimme in unserem Kopf oder ein Gefühl im Bauch, das uns beispielsweise sagt, für was wir uns eher entscheiden wollen. Da das bewusste Nachdenken über Dinge viel Energie kostet, schaltet sich das Unterbewusstsein oft sofort ein. An sich können wir das nur schwer steuern, doch durch Achtsamkeitsübungen können wir lernen, die intuitive Stimme besser wahrzunehmen. Auch bestimmte unbewusste Glaubenssätze, die verinnerlicht werden, verändern, wie wir unsere Umwelt wahrnehmen und auf was wir uns konzentrieren.

Träume & Albträume

Das Unterbewusstsein ist sogar aktiv, wenn wir schlafen. Es produziert ganze Filme in unserem Kopf, die wir dann als Träume wahrnehmen. Häufig entfällt uns deren Inhalt nach dem Aufwachen sofort, Experten zufolge wahrscheinlich deshalb, weil unser Gehirn nach dem Aufwachen ein paar Minuten braucht, bis es ganz „hochgefahren" ist, weswegen das Gedächtnis den Trauminhalt nicht nachhaltig speichern kann. Diese Fähigkeit kann aber verbessert werden, indem man seine Träume regelmäßig schriftlich festhält.

Wieso wir eigentlich träumen, wissen auch Hirnforscher nicht ganz genau. Sicher ist aber, dass unser Gehirn neue Informationen ins Unterbewusstsein abspeichert und dort mit älteren Erinnerungen verknüpft. Dazu werden auch Gefühle und vor allem Ängste verarbeitet, was zu Albträumen führen kann. Aus medizinischer Sicht ist das vollkommen normal, häufen sich Albträume und wird der Schlaf dadurch sehr beeinträchtigt, sollte man sich jedoch professionell beraten lassen und Hilfe holen. Denn gesunder Schlaf ist äußerst wichtig für das menschliche Wohlbefinden in jedem Lebensbereich.

Phobien

Als Phobie bezeichnet man eine starke Angst vor bestimmten Objekten oder Situationen, die über ein angemessenes Maß an Furcht hinaus geht. Diese irrationalen Ängste können dazu führen, dass die betroffene Person ihre Gedanken, Gefühle und Verhaltensweisen nicht mehr normal steuern kann und sich komplett von der Angst leiten lässt. Körperliche Symptome können Zittern, Schwitzen und Herzklopfen sein und die Phobie bringt die Person meist dazu, der Angstsituation aus dem Weg zu gehen. Zu den Phobien gehören z.B. Soziale Phobie (die Angst, von anderen Menschen abgelehnt zu werden), Agoraphobie (Angst vor Notsituationen, in denen man nicht fliehen kann), Arachnophobie (Angst vor Spinnen) oder die Klaustrophobie (Angst vor engen Räumen).

Der Auslöser einer Phobie kann vieles sein, ein traumatisches Erlebnis, der Erziehungsstil unserer Eltern oder sogar biologische Faktoren. Phobien können unterschiedlich stark auftreten und werden oft durch Konfrontationstherapien behandelt, wobei sich die Betroffenen in Begleitung eines Therapeuten der irrationalen Angst stellen und sich in eine für sie unangenehme Situation bringen müssen, um die Phobie zu überwinden.

Wie funktioniert Lernen & Gedächtnis?

Menschen lernen jeden Tag eine Vielzahl von Dingen – über sich selbst und ihre Umwelt. Dabei werden Informationen in Netzwerk-Eigenschaften von neuronalen Schaltkreisen abgelegt, sodass sich die Struktur bzw. die Funktion der Synapsen, also der Verbindungsbrücken zwischen Neuronen, verändert. Die Nervenzellen bilden ein Datennetz und befinden sich quasi in ständigem Austausch miteinander. Je öfter Informationen aufgenommen werden, je öfter wir also lernen und Gelerntes wiederholen, desto stärker festigen sich die synaptischen Verbindungen im Gehirn. Die Verbindungen werden darüber hinaus gestärkt, wenn neue Informationen mit bereits bekanntem Wissen oder Ereignissen verknüpft werden. Verbinden wir Wissen mit bestimmten Gefühlen, Erlebnissen, Beobachtungen und Wahrnehmungen, fällt es dem Gehirn leichter, zu einem späteren Zeitpunkt auf das Wissen zurückzugreifen.

Und wie funktioniert unser Gedächtnis? Das, was wir wahrnehmen, gelangt immer zuerst in das sensorische Gedächtnis. Da wir die meisten Informationen unbewusst wahrnehmen, löschen wir viele von ihnen automatisch, vergessen sie also. Deswegen kannst du dir in einer Fußgängerzone nicht jedes einzelne Gesicht merken. Gefällt dir einer der Vorbeigehenden, wird die Information nicht vergessen und kommt weiter ins Kurzzeitgedächtnis. Hier werden die Infos nur wenige Sekunden gespeichert und wieder werden einige von ihnen als unwichtig bewertet und aussortiert. Was übrig bleibt, gelangt ins Arbeitsgedächtnis, wo sie für das Abspeichern im

Langzeitgedächtnis vorbereitet werden. Die übrig gebliebenen Informationen werden gegebenenfalls mit Gefühlen verbunden und halten sich nun ein paar Minuten oder sogar Monate im Kopf. Das wäre der Fall, wenn du dich in die Person aus der Fußgängerzone „schockverliebt" hättest. Im Langzeitgedächtnis halten sich Informationen, wie bereits erwähnt, durch Wiederholung und Übung. Unendlich viel Material kann teilweise ein Leben lang in diesem Teil des Gehirns gespeichert werden.

Denkst du also oft an die gesehene Person oder interagierst sogar mit ihr, ist die Wahrscheinlichkeit hoch, dass du sie tatsächlich nie wieder vergisst. Womöglich kannst du dich nach einer gewissen Zeit der Trennung nicht mehr richtig an ihr Gesicht erinnern, denn unser Gedächtnis beurteilt und vergisst Informationen, die es nicht mehr braucht, ganz automatisch. Doch wirst du dich zumindest immer an ihre Existenz erinnern können.

Psychologische Manipulation & Tricks

Wer sich etwas mit der menschlichen Psyche auskennt, entdeckt leicht, wie wir täglich manipuliert werden oder uns sogar unterbewusst selbst manipulieren. Hier nur eine kleine Auswahl an psychologischen Phänomenen, die uns fast alle betreffen.

Halo-Effekt

Der Halo-Effekt, abgeleitet vom Wort „halo" für Heiligenschein, ist eine kognitive Verzerrung, bei der sich Menschen vom ersten Eindruck beeinflussen und täuschen lassen. Ein einzelnes Merkmal einer Person wirkt dann so dominant, dass andere Merkmale in den Hintergrund rücken. Aufgrund des dominanten Merkmals wird dann auf weitere Eigenschaften der Person geschlossen und dieser Eindruck hält sich hartnäckig, auch wenn dies objektiv betrachtet sehr unlogisch ist.

Verlustaversion

Die Verlustaversion verleitet uns dazu, Verluste unterbewusst höher zu gewichten als Gewinne. Ein einfaches Beispiel: Jemand schlägt dir ein Münzspiel vor, bei dem du bei Kopf 10 Euro gewinnst und bei Zahl 10 Euro bezahlen musst. Nimmst du das Angebot an? Die meisten Menschen würden sich nicht darauf einlassen, da ihnen der potenzielle Verlust mehr Sorgen bereitet als der potenzielle Gewinn, obwohl die Chance ja 50/50 beträgt. In Entscheidungssituationen reagieren wir nun mal oft irrational.

Gegenseitigkeitsprinzip

Das Gegenseitigkeitsprinzip oder Gesetz der Reziprozität beschreibt, dass wir das starke Bedürfnis nach einem Gleichgewicht sozialer Interaktion verspüren. Wir möchten weder ausgenutzt werden noch selbst derjenige sein, der jemand anderes ausnutzt. Vor allem beim Verkauf wird dieser Trick oft angewandt; wird dir beim Bäcker eine kostenlose Probe angeboten, neigst du unterbewusst eher dazu, etwas mehr zu kaufen.

Ankereffekt

Als Ankereffekt bezeichnet man das Phänomen, dass Menschen eine bestimmte Information willkürlich als inneren Maßstab nutzen, obwohl es dafür logisch gesehen keinen Grund gibt. Beim Einschätzen einer Situation oder dem Treffen einer Entscheidung ist diese Information dann ausschlaggebend. Wieder ein Beispiel: Kostet eine Brezel bei deinem lokalen Bäcker 70 Cent, wirst du eine Brezel für 90 Cent für teuer und eine für 50 Cent als billig empfinden. Kostet deine „normale" Brezel aber 50 Cent, wird dir auch eine für 70 Cent teuer vorkommen. Dann ist nämlich der Preis für die günstigste Brezel dein unterbewusster „Anker".

Psychische Erkrankungen

Lange Zeit wurden psychische Erkrankungen nicht für das angesehen, was sie waren und noch immer sind – Krankheiten, die mitunter medizinisch behandelt werden müssen und unbehandelt sogar zum Tod führen können. Dank (wissenschaftlicher) Aufklärungsarbeit werden psychische Krankheiten zum Glück seit Jahrzehnten immer ernster genommen und akzeptiert, trotzdem müssen Betroffene noch immer oft mit Stigmata und Unverständnis rechnen. Sich selbst einzugestehen und dann seinem Umfeld mitzuteilen, dass etwas nicht mit einem stimmt, kann daher schwerfallen. Das ist vor allem bei Erkrankungen wie Depressionen, Angststörungen oder Burn-out der Fall. Betroffene wirken oft niedergeschlagen und finden kaum Motivation für alltägliche Dinge, weswegen ihnen vorgeworfen wird, sich „einfach nur anzustellen". Dabei zeigen Statistiken, dass vor allem Depression eine wahre Volkskrankheit ist; etwa 16 bis 20 von 100 Menschen erkranken in ihrer Lebenszeit mindestens einmal an einer Depression.

Tückisch ist oft, dass manche Menschen ihre psychischen Probleme hinter einer Maske aus Produktivität und Elan verstecken. Von der Leistungsgesellschaft und sich selbst unter Druck gesetzt, wird mit aller Kraft versucht, die Symptome selbst zu behandeln, teilweise auch mit Rauschmitteln oder anderen ungesunden Angewohnheiten. Dabei ist Hilfe wichtig, denn irgendwann hat jeder Betroffene einen Punkt erreicht, an dem er seine gesunde Fassade nicht mehr aufrechthalten kann.

Neben relativ häufig auftretenden psychischen Erkrankungen wie Depressionen oder Angst- und Panikstörungen, bei denen Betroffenen durch leichte Medikation und unterstützende Therapie in vielen Fällen schnell geholfen werden kann, gibt es auch jene Krankheiten, die in der Regel schwerer geheilt werden können. Dazu gehört beispielsweise Schizophrenie, bei der Betroffene unter Realitätsverlust, Wahnvorstellungen und Denkstörungen leiden. Sie nehmen ihre Umwelt mitunter falsch wahr und interpretieren Handlungen falsch, wodurch sie selbst scheinbar irrational handeln. Wie bei fast allen psychischen Erkrankungen können genetische Vorbelastung, familiäre und soziale Faktoren sowie belastende Lebensereignisse eine Rolle spielen, die Ursachenfindung gestaltet sich oft schwierig. Nicht immer ist eine Schizophrenie heilbar, durch unterschiedliche Therapieformen und medikamentöser Behandlung lässt sich der Krankheitsverlauf jedoch positiv beeinflussen.

Gleiches gilt für die bipolare Störung, bei der Betroffene starke Stimmungsschwankungen haben und zwischen depressiven und euphorischen Phasen wechseln und psychischen Erkrankungen, die stark den eigenen Körper betreffen. Dazu gehören Essstörungen wie Bulimie oder Binge Eating, wobei Betroffene durch psychische Störungen eine ungesunde Beziehung zu Lebensmitteln haben. Vor allem jetzt, da in westlichen Ländern überall süchtig machendes Essen zur Verfügung steht und gleichzeitig der Hype um Fitness steigt, nimmt die Anzahl von essgestörten Menschen zu. Glücklicherweise steigt auch die Zahl der Einrichtungen für schwer psychisch gestörte Patienten und ersten Anlaufstellen bei psychischen Problemen aller Art. Viele Universitäten, Schulen und Arbeitsplätze bieten Letztere an, um vor allem jenen Betroffenen zu helfen, die sich aus unterschiedlichen Gründen nicht in der Lage sehen, Menschen aus ihrem näheren Umfeld um Hilfe zu bitten.

Psychotherapie

Menschen mit seelischen Erkrankungen zu helfen und im besten Fall zu heilen, ist Aufgabe der Psychotherapie. Darüber hinaus helfen therapeutische Verfahren dabei, körperliche Beschwerden zu lindern, die von der Psyche beeinflusst werden. Grundbaustein der Therapie ist immer das Gespräch zwischen dem Patienten und seinem Therapeuten, einem Experten, der sich mit der psychischen Erkrankung und ihren Symptomen auskennt. Betroffene und Therapeuten bauen ein Vertrauensverhältnis auf, das dabei hilft, die Ursache der Erkrankung zu erkennen und ihre Linderung einzuleiten. Oft wird auch mit Psychiatern zusammengearbeitet, die im Gegensatz zum Psychologen

Ärzte und in der Lage sind, psychische Störungen mit Medikamenten zu behandeln und so die Therapie zu unterstützen. Es gibt unterschiedliche Formen und Arten der Psychotherapie.

Stationäre und ambulante Psychotherapie

Bei stationärer Psychotherapie werden Betroffene Tag und Nacht betreut und die Therapie ist äußerst intensiv. Ein stationärer Aufenthalt kann nur wenige Wochen oder mehrere Monate, teilweise aber auch Jahre dauern. Allerdings besteht das Risiko, dass Patienten in alte Muster zurückfallen, sobald sie die Einrichtung verlassen, da sie der Alltag erneut überfordert. Deswegen werden sie schon während des Stationsaufenthalts auf das Leben außerhalb und auf eventuelle Rückfälle vorbereitet.

Die ambulante Therapie ist zwar nicht so intensiv, dafür aber praktisch, da der Patient das Gelernte direkt im Alltag anwenden kann und keine stationäre Betreuung in Anspruch nehmen muss. Mittlerweile gibt es auch Tageskliniken, in denen eine teilstationäre Psychotherapie stattfindet. Dabei sind Betroffene tagsüber in der Klinik und abends wieder zu Hause.

Gruppentherapie

Eine Gruppentherapie kann sowohl stationär als auch ambulant stattfinden. Die Erkenntnis, dass andere Menschen gleiche oder ähnliche psychische Probleme haben sowie der Austausch untereinander ist für viele Betroffene hilfreich, besonders nach traumatischen Erlebnissen oder bei Suchterkrankungen. Entgegen hartnäckiger Klischees geht es dabei nicht darum, sich einfach nur die Sorgen von der Seele zu reden, sondern auch, Erkenntnisse über sich selbst zu erlangen und sich in zwischenmenschlicher Interaktion zu üben. Trotzdem fühlt sich nicht restlos jeder wohl damit, in Gegenwart anderer über seine Probleme zu sprechen.

Psychoanalyse

Die meisten denken bei einer Psychotherapie wahrscheinlich als erstes an eine gemütliche Liege, das Klemmbrett des Therapeuten und ein tief greifendes Gespräch über die Kindheit. Dieses Bild entspricht der Vorstellung der Psychoanalyse, einer tiefenpsychologischen Methode, bei der tatsächlich (unterdrückte) Konflikte aus der Kindheit betrachtet werden. Das Verfahren geht auf den bekannten Psychologen und Arzt Sigmund Freud zurück, der als Erster versuchte, psychische Probleme durch den Blick und das Öffnen des Unterbewussten zu lösen.

Verhaltenstherapie

Die Verhaltensweise verfolgt einen anderen Ansatz. Sie geht davon aus, dass ungesunde Verhaltensweisen gelernt werden und sich daher auch wieder „abtrainieren" lassen. Das ist natürlich nicht so leicht, wie es sich anhört. Der Patient versucht, mit der Hilfe und unter Anleitung seines Therapeuten neue Denk- und Verhaltensmuster zu festigen, sich also z.B. selbst gewisse Abläufe und Regeln anzueignen, die immer dann befolgt werden, wenn sich eine schlechte psychische Episode anbahnt. Dieses Problemlösetraining erfordert viel Mitarbeit, führt aber vor allem bei nicht ganz heilbaren psychischen Erkrankungen zum Ziel, da die Patienten lernen, trotz ihrer Krankheit gesund zu leben.

Seelsorge

Man muss keine diagnostizierte psychische Krankheit haben, um Seelsorge in Anspruch zu nehmen – jeder hat einmal Zeiten, in denen er zweifelt, deprimiert ist und nicht weiterweiß. In Deutschland gibt es seit den 1950ern die Telefonseelsorge, bei der jeder kostenlos und anonym anrufen und sich beraten lassen kann. Auch online finden sich viele seelsorgerische Angebote, die rund um die Uhr in Anspruch genommen werden können.

Lerne mithilfe dieser Quellen noch mehr über das Wunder unserer Psyche:

Collin, Catherina: *Das Psychologie-Buch*

Fromm, Erich: *Den Menschen verstehen. Psychoanalyse und Ethik*

gesundheitsministerium.de

netdoktor.de

planet-wissen.de/psychologie

gedankenwelt.de

TEIL 10: REISEN & KULTUR

Afrika

Afrika ist mit einer Oberfläche von über 30 Millionen Quadratkilometern der zweitgrößte Kontinent der Erde und beherbergt 55 Länder. Neben der größten Wüste der Welt, der Sahara, fließt der Nil, der längste Fluss der Erde, durch Afrika. Wirtschaftlich und politisch ist der Kontinent sehr gespalten, neben wohlhabenden Ländern mit reichen Metropolen wie Südafrika gibt es vor allem in Zentralafrika viele arme Länder. Auch in Sachen Staatsform gibt es drastische Unterschiede. Diese reichen von friedlicher Demokratie bis zur blutigen Diktatur. Trotzdem gibt es in jedem Land etwas Besonderes zu entdecken und die kulturelle Vielfalt der afrikanischen Völker ist mit kaum einem anderen Kontinent gleichzusetzen.

Wer Afrika besucht, interessiert sich meist vordergründig für die zahlreichen Nationalparks mitsamt ihrer einzigartigen Flora und Fauna. Der beliebteste von ihnen ist wohl der Kruger National Park im Nordosten Südafrikas, durch den man im Pkw fahren und dabei die wunderschöne Landschaft genießen kann. Allerdings ist es dann verboten, aus dem Auto zu steigen oder sich hinauszulehnen, denn neben friedlichen Zebras und Giraffen gibt es auch einige Raubtiere wie Hyänen und Löwen sowie große Elefanten, Flusspferde und Gnus, die gefährlich werden können. Doch auch vom Auto aus befinden sich Touristen mitten in der Wildnis und erleben Afrikas Natur hautnah. Wem das noch nicht genug ist, kann eine Buschwanderung oder eine Nachtsafari mit erfahrenen Parkführern buchen.

Zu den beliebtesten Ländern Afrikas gehören das am Mittelmeer liegende Ägypten und Tunesien, die Elfenbeinküste und Ghana an der Atlantikküste, Tansania und Madagaskar in Ostafrika sowie Südafrika und Simbabwe an der Südspitze des Kontinents.

Antarktis

Der am wenigsten erforschte und gleichzeitig unbewohnteste Kontinent der Erde ist die Antarktis. Hier gibt es zahlreiche wissenschaftliche Forschungsstationen wie die deutsche Neumayer-Station III oder die britische Rothera, ansonsten handelt es sich bei der Antarktis um Terra incognita, unbekanntes Land. Es gibt keinerlei permanent bewohnte Plätze und eine Reise an den Südpol und seine weitere Umgebung ist hauptsächlich für wissenschaftliche Expeditionen vorgesehen. Denn das eiskalte Gebiet ist eine der wertvollsten Ressourcen der Welt, da sich knapp 70 % des auf der Erde verfügbaren Trinkwassers auf diesem Kontinent befinden. Deswegen ist die militärische Nutzung und Ausbeutung von Rohstoffen der Antarktis strikt verboten. Was die Antarktis für die Forschung so attraktiv macht, ist ihr hartes Klima und die Isolation, die mit fast keinem anderen Ort auf der Welt zu vergleichen ist.

Darüber hinaus gibt es weitere Naturphänomene auf dem Kontinent, z.B. eine riesige Gebirgskette, welche die Antarktis in eine östliche und westliche Region teilt, zwei aktive Vulkane und herabgestürzte Meteoriten. Sehr beeindruckend ist auch die Mitternachtssonne. Im Süden des Polarkreises gibt es einen mehrmonatigen Zeitraum, in dem die Sonne nie untergeht und es dauerhaft hell ist. Die Antarktis ist in jeder Hinsicht ein faszinierender Ort, der seit den 1960ern auch vereinzelt von Touristen besucht werden kann, per Schiff oder Flugzeug.

Asien

Asien ist mit einer Landmasse von über 44 Millionen Quadratkilometern der größte Erdteil und mit einem Bevölkerungsanteil von vier Milliarden Menschen zusätzlich der einwohnerstärkste Kontinent. Vorderasien, bestehend aus den Regionen Kleinasien, dem Nahen Osten und dem Südkaukasus wird im Westen durch das Mittelmeer und das Rote Meer, im Norden durch das Kaukasus-Gebirge und das Schwarze Meer, im Osten durch die iranischen Randgebirge und im Süden durch den Indischen Ozean begrenzt. In

Vorderasien wird Armenien dank seiner vielen jahrhundertealten Klöster in atemberaubenden Höhen und der Stadt Jerevan, einer der ältesten Städte der Welt, immer mehr zum beliebten Reiseziel. Ebenso historisch und ansprechend ist Georgien, das mit vielen Wander- und Bergsteigerregionen und traditionellem Weinanbau reizt.

Zentralasien umfasst die Gebiete Kasachstan, Kirgisistan, Usbekistan, Tadschikistan und Turkmenistan, die alle touristisch noch relativ wenig erschlossen sind. Dabei haben alle Länder viel zu bieten, besonders aufgrund der legendären Seidenstraße, welche sie verbindet und über die seit Jahrhunderten neben Handelswaren auch Religionen und Bräuche ausgetauscht wurden. Die Landschaft Zentralasiens ist ein bunter Mix aus Bergen, Steppen, Seen, Wüsten und Oasen, wobei Letztere oft versteckt liegen, gleichzeitig gibt es vor allem in Kasachstan auch viele moderne Städte.

Die meisten verbinden Asien wahrscheinlich mit ostasiatischen Ländern wie Japan, China, Nord- und Südkorea oder Taiwan. Bis auf das abgeschottete Nordkorea sind diese Staaten beliebte Urlaubsziele, denn neben reicher, uralter Kultur, Steppen und einsamen Bergen gibt es auch hochmoderne Metropolen wie Shanghai, Seoul oder Tokio, die nur so vor Neonlichtern und Wolkenkratzern strotzen. In den riesigen Städten finden sich europäische Besucher gut zurecht, in ländlichen Gegenden kann es schon mal zu Verständigungsproblemen kommen, da nur wenige Ostasiaten Englisch sprechen und nicht alle Beschilderungen durch lateinische Buchstaben ergänzt sind.

Noch beliebter sind wohl Länder Südostasiens wie Indonesien, Kambodscha, Laos, die Philippinen, Vietnam, Thailand, Singapur oder Malaysia, die sich durch ihre Lage an zwei Ozeanen perfekt für begeisterte Taucher und Strandurlauber eignen. Das ganze Jahr über lässt sich in Südostasien ein Gebiet mit idealem Klima finden und der Tourismus des Subkontinents ist auf Erholung und tropischen Luxus ausgelegt. Angesehen davon bieten sich auch viele kulturelle Stätten wie Luang Pranbang in Laos oder Sukhothai im

Norden Thailands, die mit ihren Tempeln und archäologischen Parks von vergangenen Hochkulturen zeugen.

Schließlich eignet sich auch Südasien für Pauschal-, Individual- und Kulturreisende. Besonders Indien, das Königreich Bhutan, Bangladesch, die Malediven, Sri Lanka und Nepal bieten eine große kulturelle und landschaftliche Vielfalt. Sehenswürdigkeiten wie das Taj Mahal im indischen Agra oder die antike Felsenfestung Sigiriya in Sri Lanka sind echte Touristenmagneten, aber auch weniger bekannte Ziele wie der Win Sein Taw Ya Buddha in Myanmar, der größte liegende Buddha der Welt, oder der Khao Sok Nationalpark in Thailand sind einen Besuch wert. Asien gilt zurecht als einer der touristenfreundlichsten und abwechslungsreichsten Kontinente der Welt.

Australien

Der „Down Under"- Kontinent Australien liegt auf der Südhalbkugel der Erde und umfasst neben Australien und Ozeanien auch die Insel Tasmanien und eine Reihe weiterer kleinerer Inseln im Pazifik. Was Australien so besonders macht, ist die Vielfalt an Naturphänomenen, Klimazonen, Landschaften sowie Fauna und Flora. Innerhalb der sechs Bundesstaaten (Western Australia, Northern Territory, South Australie, Queensland, New South Wales, Victoria) und zwei Territorien (Tasmanien und Australien Capital Territory) gibt es Wüsten, sonnige Küsten, Regenwälder und Gebirge.

Neben den großen Metropolen Sydney, Perth, Melbourne und der australischen Hauptstadt Canberra ist das Great Barrier Reef ein beliebtes und einzigartiges Reiseziel. Das 2.500 km lange Korallenriff liegt an der nördlichen Spitze Queenslands und ist seit 1981 Weltnaturerbe der UNESCO. Wer im Great Barrier Reef schnorchelt, Bootstouren macht oder Wale beobachtet wird Zeuge der vielfältigen Unterwasserwelt Australiens. Seit Jahren leidet das Riff allerdings an Erderwärmung und Verschmutzung, weswegen beim Besuch darauf geachtet werden sollte, nicht zur Zerstörung der empfindlichen Natur beizutragen.

Abgesehen davon hat Australien über 500 Nationalparks zu bieten, etwa 12 % der gesamten Landfläche sind geschützt. Besonders schön sind der Broadwater National Park mit seinen uralten Sanddünen und dem braunen Sandstein "Coffee Rock", der ebenfalls in New South Wales gelegene Washpool National Park mit seinem beeindruckenden Regenwald und der nördlich von Perth gelegene Nambung National Park, der mit über 7.000 verschiedenen Blumenarten und bis zu 4 m hohen Kalksteinsäulen beeindruckt.

Allgemein ist Australien ein sehr sicheres Reiseziel, das Komfort und Abenteuer gleichzeitig bieten kann und kulturell sehr ansprechend ist. Zu beachten sind jedoch bestimmte Schutzzonen für Ureinwohner, die nicht gestört werden dürfen sowie giftige und gefährliche Tiere wie Schlangen, Spinnen, Quallen, Krokodile oder Skorpione, die es fast auf dem ganzen Kontinent gibt. Außerdem sollte nicht unterschätzt werden, dass die Jahreszeiten auf der südlichen Erdhalbkugel genau andersherum verlaufen als in Europa und dass es im Frühjahr besonders starke Temperaturschwankungen gibt.

Europa

Europas geographische Grenzen sind im Osten und Südosten nicht ganz streng zu definieren, der Kontinent bleibt jedoch mit etwa 10 Millionen Quadratkilometern nach Australien der zweitkleinste der Erde. Europa gilt als Wiege der Kultur und ist seit Jahrhunderten ein beliebtes Reiseziel für jeden, der auf einer relativ kleinen Fläche viele unterschiedliche Kulturen und Traditionen kennenlernen will. In Westeuropa sind die beliebtesten Reiseziele Frankreich, bekannt für kulinarische Spezialitäten, Wein, Kunst und Mode, Großbritannien und Irland mit ihren hochmodernen Städten und grünen Weiten sowie die Niederlande, die besonders Wassersportler und Radfahrer anlockt. Doch auch das kleine Luxemburg mit seinem Tal der sieben Schlösser und mehreren historischen Städten ist eine Reise wert.

In Mitteleuropa eignen sich neben den deutschsprachigen Ländern Deutschland, Schweiz, Österreich und Liechtenstein auch Polen, Slowenien und die Slowakei für Kultur- oder Sportreisen. Immer beliebter wird auch

Ungarn, insbesondere dessen Hauptstadt Budapest, die trotz alter Architektur ein kosmopolitisches Flair versprüht und viele Feierlustige anlockt. Die nordeuropäischen Länder Schweden, Dänemark, Norwegen, Island und Finnland ziehen jedes Jahr vor allem viele Naturfreunde an. Kein Wunder, denn einsame Seen, Bergpanoramen, endlose Wälder, wilde Flüsse, Gletscher und weite Steppen finden sich fast überall in Nordeuropa.

Ebenso malerisch ist die Landschaft Osteuropas, allen voran in Weißrussland, Russland und der Ukraine. In diesem Teil Europas gibt es neben Touristenmagneten wie Moskau oder Sankt-Petersburg auch viele kleine Dörfer und Städtchen inmitten schöner Natur, die kaum entdeckt zu sein scheinen.

Solche gibt es vereinzelt auch in Südeuropa, allerdings ist hier der Touristenandrang so hoch wie in kaum einer anderen Region Europas. Italien, Malta, San Marino, Monaco, Portugal und Spanien sind seit Jahrzehnten die erste Anlaufstelle für Urlauber, die viel Wert auf pralle Sonne, schöne Strände und gute Restaurantbesuche legen. Besonders in Italien herrscht stets großer Andrang, neben Feiermeilen und großen Stränden auch aufgrund zahlreicher Galerien und historischen Gebäuden. Gleiches gilt für einige Länder in Südosteuropa, beispielsweise Griechenland, Kroatien, Rumänien, Bulgarien und Zypern. Außerdem gehören auch Bosnien-Herzegowina und Montenegro zum südosteuropäischen Raum – Länder, die sehr schöne historische Städte wie Jacje oder Trebinje sowie saubere Strände beherbergen. Nicht allzu weit vom deutschen Raum entfernt findet sich auf dem gesamten europäischen Kontinent für jeden das richtige Reiseziel.

Nordamerika

Nordamerika ist mit einer Fläche von knapp 25 Millionen Quadratkilometern der drittgrößte Kontinent der Erde und umschließt die Gebiete Kanada, die Vereinigten Staaten, Mexiko, Zentralamerika, Grönland sowie mehrere karibische Inseln. Viele Besucher Nordamerikas entscheiden sich für Rundreisen, die es ihnen erlauben, große Städte und wilde Natur gleichermaßen zu erleben.

Zu den aufregendsten Städten Nordamerikas gehören Megastädte wie New York, Miami, Los Angeles, Las Vegas, Mexiko-Stadt, San Francisco oder Toronto, die unter anderem für aufregende Szeneviertel, Galerien und eine hohe Anzahl von prominenten Bewohnern bekannt sind. Im Sunshine State Florida oder in Kalifornien finden sich zudem erholsame Strände und eine Vielzahl von hippen Bars.

Wem nicht nach Städtetrips gelegen ist, kann sich an der nordamerikanischen Natur erfreuen. Besonders die USA und Kanada beherbergen einige der ältesten und größten Nationalparks. Als Hauptziele gelten der Yosemite- und der Grand Canyon-Nationalpark im Westen der Vereinigten Staaten, die durch uralte Riesenmammutbäume, Granitberge, Wildwasser-Stromschnellen und lange Schluchten und unberührte Wildnis auszeichnen. In Kanada sind der Banff- und der Jasper-Nationalpark beliebt, die sich mit ihren tiefen Wäldern und türkis-klaren Flüssen für Abenteuer und schöne Fotos eignen. Weitere wichtige Naturspektakel sind die Niagarafälle zwischen dem Ontariosee und dem Eriesee in der Nähe von Toronto sowie die Berglandschaft der Rocky Mountains mit schneebedeckten Gipfeln und dichten Wäldern.

Im späten Herbst kann sich ein Abstecher an die Ostküste lohnen, an der das Schauspiel des Indian Summers besonders stark auftritt. Während des Indian Summer ist es in Nordamerika sehr warm, der Himmel ist strahlend blau und die Blätter der Laub- und Mischwälder färben sich intensiv rot und orange. Es lohnt sich also nicht nur die Hotspots Nordamerikas zu besuchen, die oft in Film und Fernsehen gezeigt werden, sondern sich (zusätzlich) auf ein kleines Abenteuer in die Wildnis zu begeben.

Südamerika

Die südliche Landmasse des amerikanischen Doppelkontinents hat eine Fläche von über 17 Millionen Quadratkilometern und lockt mit großen Städten und malerischen Landschaften gleichermaßen. Das wohl beliebteste Ziel

Südamerikas ist Brasilien. Die Copacabana, der Amazonasregenwald und der bunte Karneval Rios locken jedes Jahr Millionen von Touristen in das Land und seine Umgebung. Vor allem Rio, Brasiliana und Salvador gelten durch ihre schönen historischen Altstadtviertel und den Einfluss afrobrasilianischer Kultur als Sehenswürdigkeiten, auch das Nachtleben samt pulsierender Partyszene ist für viele verlockend.

Darüber hinaus sind die nördlichen und zentralen Anden, einer der längsten Gebirgszüge der Welt, einen Besuch wert. Die Landschaft der Anden ist unglaublich vielfältig, es gibt weite Ebenen, tiefe Wälder und Seen ebenso wie Wüsten und Vulkane. Beeindruckend sind auch die Überreste alter Hochkulturen, die sich vor allem in Peru finden. Die archäologischen Stätten, allen voran die heilige Stätte der Inkas auf dem Machu Pucchu, sind bis heute gut erhalten und ihre Besichtigung ist im besten Fall die Belohnung für eine lange Wanderung entlang jahrtausendealter Pfade.

Das beliebteste Städteziel Südamerikas ist neben Rio de Janeiro die Hauptstadt Argentiniens, Buenos Aires. In der hochmodernen Metropole gibt es beeindruckende Bauten, Luxushotels, Szeneviertel und eine internationale Gesellschaft, in der viele Kulturen aufeinanderprallen. Viele Designer und Filmemacher lassen sich von der kreativen Ader der Stadt und der lockeren Atmosphäre von Buenos Aires inspirieren, auch Shoppingsüchtige kommen auf ihre Kosten. Weil die Stadt lange die erste Anlaufstelle für europäische Einwanderer war, sind einige Viertel von europäischer Kultur geprägt. Vielen Bewohnern wird von umliegenden Nachbarregionen nachgesagt, sie seien stets auf der Suche nach ihrer Identität. Dafür spricht, dass es in Buenos Aires mehr Psychotherapeuten gibt als in jeder anderen Stadt der Welt. Therapeutisch sind für viele aber auch die unzähligen Cafés, die es an jeder Ecke gibt. Wer kreative Großstädte und/ oder abwechslungsreiche, historische Landschaften sucht, ist so gut wie überall in Südamerika gut aufgehoben.

Hat dich jetzt das Reisefieber gepackt? Erfahre mit diesen Quellen noch mehr über die Vielfalt unseres Planeten:

Luiser, Fabienne & Benoit: *Destination Weltreise*

wikivoyage.org

planet-wissen.de/buenosaires

urlaubstracker.deurlaubspiraten.de

reiseblogonline.de

geo.de/reisen

Schlusswort

Mit dem Allgemeinwissen, dass du dir durch diesen Ratgeber angeeignet hast, verfügst du bereits über einen großen Wissensschatz auf mehreren Gebieten. Bedenke aber, dass es in Sachen Wissen nie zu viel geben kann. Dieses Buch hat dir hoffentlich nicht nur dabei geholfen, dich weiterzubilden, sondern dich auch dazu motiviert, über einzelne Themen noch mehr herauszufinden und eigenständig zu recherchieren. Wie am Anfang bereits erwähnt: Angeeignetes Wissen führt immer zu noch mehr Erkenntnissen.

Tausche dich mit anderen über interessante Fakten aus und vertiefe dein Wissen durch anregende Diskussionen. Es liegt an dir, das Allgemeinwissen anzuwenden und es in unterschiedlichen Kontexten einzusetzen.

Lösungen

Hier findest du die Lösungen des Allgemeinwissen-Tests.

1. Berlin

2. 1990

3. Johann Wolfgang von Goethe

4. Die Haut

5. 16

6. 7

7. 1969

8. Säugetiere

9. Leonardo da Vinci

10. Charles Darwin

11. Oslo

12. Soziale Marktwirtschaft

13. Gepard

14. 1999 als Buchgeld, 2002 als Bargeld

15. Zwei

16. Sputnik 1

17. Fünf verbundene Ringe

18. 1914 bis 1918

19. Johannes Gutenberg

20. London

21. 1492

22. Blau

23. Canberra

24. 4 Mal – 1954, 1974, 1990, 2014

25. Ludwig Erhard

26. Juni 2007

27. Ernest Hemingway

28. 206

29. Seismograph

30. George Lucas

31. Baku

32. Georges Bizet

33. 8

34. Sean Connery

35. Kohlenstoff

36. Wasserstoff

37. 4.809 m

38. 88

39. Rot

40. George Orwell

41. Lillehammer, Norwegen

42. 23

43. 21.196 km

44. Willy Brandt

45. Friedrich II., König von Preußen

46. 90 Minuten
47. 4.180 km
48. 29
49. 11
50. ISIN

Herstellung und Verlag:

BoD – Books on Demand, Norderstedt

ISBN: 9783755739449

1. Auflage

Kontakt: Psiana eCom UG/ Berumer Str. 44/ 26844 Jemgum

Covergestaltung: Fenna Larsson

Coverfoto: depositphotos.com